大学英语教学改革研究

王文荣　著

延吉·延边大学出版社

图书在版编目（CIP）数据

大学英语教学改革研究 / 王文荣著. -- 延吉 ： 延边
大学出版社，2024.4
ISBN 978-7-230-06395-1

Ⅰ．①大… Ⅱ．①王… Ⅲ．①英语－教学改革－研究
－高等学校 Ⅳ．①H319.1

中国国家版本馆CIP数据核字（2024）第076801号

大学英语教学改革研究

著　　者：王文荣
责任编辑：侯琳琳
封面设计：文合文化
出版发行：延边大学出版社
社　　址：吉林省延吉市公园路 977 号　　邮　编：133002
网　　址：http：//www. ydcbs. com　　E-mail：ydcbs@ydcbs.com
电　　话：0433-2732435　　传　真：0433-2732434
印　　刷：廊坊市广阳区九洲印刷厂
开　　本：710 毫米 ×1000 毫米　　1/16
印　　张：11.5
字　　数：200 千字
版　　次：2024 年 4 月第 1 版
印　　次：2024 年 4 月第 1 次印刷
书　　号：ISBN 978-7-230-06395-1
定　　价：78.00 元

前　言

随着全球化进程的不断推进，各国之间的交流与合作日益频繁。英语作为国际交流的通用语言，其重要性日益凸显。在这一背景下，学界对大学英语教育现状进行了深刻的反思，认识到传统的大学英语教学模式已不能完全适应社会发展的需求。因此，大学英语教学改革成为我国教育界的一个热门议题。

本书专注于大学英语教学改革研究，从大学英语教学现状入手，系统性地探讨了大学英语教学改革的相关理论与指导方法，分析了大学英语教学改革的关键要素和面临的问题，并提出了应对策略，最后对大学英语教学改革成效评估的工具、方法和影响等进行了探讨。本书旨在从提高学生学习兴趣、激发学生创造力和培养学生的实际语言运用能力等方面为大学英语教育者、研究者和决策者提供一定参考。

笔者深知教育事业发展的重要性，更深感大学英语教学改革对于学校培养具有国际竞争力的人才的重要意义。期待通过本书的深入探讨，为大学英语教学的改革和发展贡献微薄的力量，为培养更多具有全球视野和国际交往能力的人才创造更加有利的条件。

本书在撰写过程中，参阅了大量的文献资料，在此表示最诚挚的谢意。书中的不足之处，敬请专家、学者及广大读者批评指正。

目 录

第一章 大学英语教学现状

第一节 大学师资队伍需要建设与发展

近年来，我国大学英语教育规模不断扩大，学生人数逐年攀升。然而，传统的英语教学模式仍然较为普遍，以教师为中心的教学方法仍然占据主导地位。因此，教师的作用至关重要。要进行大学英语改革，必须加强大学师资队伍建设，促进大学师资队伍多元化和国际化发展，培养教师的教学改革意识，更新教师的教学理念，提高教师的教学水平、专业素养和创新能力。

一、教师培训

作为教育体系中的重要组成部分，教师在教学工作中发挥着至关重要的作用，是推动教育事业发展的关键力量。教师的培训与专业发展直接关系到教育质量的提高和学生的全面发展。

（一）教师培训的重要性

1. 提升教学水平

师资队伍建设与发展是提高大学英语教育水平的关键。在教育国际化的大背景下，我国大学英语教育面临着前所未有的挑战，如何提高教育质量和教学水平，培养具有国际竞争力的英语人才，成为亟待解决的问题。培训是提升教师教学水平的有效途径，通过接受系统性的培训，教师能够了解最新的教育理论、教学方法和教育技术，提高自身的教学水平，更好地应对学生的多样化需求。

2. 适应教育变革

从我国大学近年来的英语教育改革来看，建设高素质专业化创新型教师队伍，夯实教师专业发展体系，推动教师终身学习和专业自主发展成为各大学英语教学改革中的一项重要内容。在社会不断发展、教育不断变革的背景下，大学英语教师也需要不断学习，以及时适应各种变化。培训可以帮助教师更新知识和教育理念，使其更好地适应教育领域的变革。

3. 促进教师专业成长

教师专业发展是指教师作为专业人员，在专业思想、专业知识、专业能力等方面不断发展和完善的过程，即教师从新手型教师成长为专家型教师的过程。教师培训不仅关注教师教学技能的提升，还关注教师的专业成长。通过培训，教师可以深入研究教育领域的前沿问题，丰富自己的学科知识，提高专业水平。

4. 培养创新能力

教育领域的创新对于学校提高教学质量至关重要。通过培训，学校可以激发教师的创新思维，鼓励他们在教学中尝试新的方法和策略，培养他们的创新能力，进而推动教育的变革与创新。

（二）教师培训的方法

1. 课程培训

课程培训是一种常见的教师培训方式。通过专门的培训课程，教师可以系统地学习新的教学理论、教育政策和实践经验。这种培训通常由专业的培训机构或学校内部的专家提供，他们具备丰富的教育经验和专业知识，能够根据教师的需求量身定制培训内容。

2. 研讨会和研修班

研讨会和研修班为教师提供了一个交流和分享的平台。通过参与小组讨论、参加专家讲座，教师可以借鉴同行的经验，并获得启发，从而提升自身的教学水平。

二、师资队伍多元化与国际化

在全球化的背景下，师资队伍多元化与国际化建设变得愈发重要。多元化的师资队伍能够更好地满足学生的不同需求，促进教育的全面发展；国际化的师资队伍则有利于学校引进全球范围内先进的教育理念和实践经验，从而提高我国大学英语教学的整体水平。

（一）师资队伍多元化建设

1. 师资队伍多元化建设的重要性

（1）满足学生的多样化需求

师资队伍的多元化主要表现为教师文化背景和学历背景的多样性、所学专业领域的多样性、教育理念和教学风格的多样性，以及教师性别比例和年龄结构的多样性。在大学英语教育领域中，满足学生的多样化需求一直是大学英语教育工作者们关注的焦点。学生群体的多样性日益显著，包括不同的知识背景、语言能力、学科兴趣等，多元化的师资队伍可以更好地挖掘学生的潜力、满足他们的多样化需求。

（2）拓宽教育视野

师资队伍的多元化意味着不同背景、不同专业的教师将汇聚在一起，他们所带来的多样化的教育理念和教学经验，有助于学校为学生提供更加全面、更加丰富的教育资源，拓宽教师的教育视野。

同时，不同背景、不同专业的教师之间的互动与合作可以促进教育创新，使教育体系更加开放，形成教育创新的良好氛围，帮助学生构建更为合理的知识体系，使学生在不断变革的教育环境中获得更好的发展。

（3）提高教学质量

多元化的师资队伍具备更为丰富的教学方法和策略，教师可以相互学习、借鉴，形成互补优势，共同为学生提供多元化、个性化的教育服务，从而更好地应对并满足学生的差异性学习需求，提高教学的质量。

2. 师资队伍多元化建设的途径

（1）制定招聘与选拔策略

制定多元化招聘与选拔策略是实现师资队伍多元化的第一步。学校可以在招聘信息中明确倡导多元化，这意味着学校应在招聘过程中，充分强调对不同性别、年龄、种族和文化背景的教师的欢迎，吸引更多的高素质人才投身教育事业。学校要制定公平的选拔标准，确保每个教师都有平等的机会展示自己的才能。在选拔过程中，学校应注重教师的专业发展和心理健康，为候选人提供充足的发展空间，鼓励他们不断提升自身专业素养。

（2）提供专业发展与培训

在完成招聘与选拔工作后，学校应为教师提供切实的专业发展与培训机会，使其更好地适应多元化的教育环境。培训内容可以涵盖跨文化交际、多元化教学策略等方面，帮助教师提升专业水平。同时，学校要关注教师的心理健康，帮助他们保持良好的心态，提高他们的心理素质和工作热情。

（3）制定多元化教育政策

学校可以制定明确的多元化教育政策，明确多元化教育的理念和目标。在此基础上，学校要完善教育管理制度，为教师提供多元化的教学选择，包括设置多元化课程、提供多元化教学评价方法等。

（4）建设多元化教育团队

学校应建设多元化教学团队，从优化教师队伍结构、提升教师教学水平、关注教师的专业发展和福利待遇等方面入手，使学校的师资队伍能够在团队协作中发挥优势。团队中的成员可以共享各自的文化经验和教育理念，形成合力，积极参与大学英语教学改革，提高大学英语教学的整体水平。

（二）师资队伍国际化建设

1. 师资队伍国际化建设的重要性

（1）引入国际教育理念

师资队伍国际化主要表现为教师队伍结构的国际化，即学校通过吸引高等教育机构外籍教师、国际知名学者来校任教等方式，提高教师队伍中具有国际化学习与研究背景的教师比例。国际化的师资队伍有助于学校引入国际先进的教育理念和经验，促进本校与其他国家学校的合作与交流，使学校及教师可以及时了解全球教育的最新趋势。此外，这样的师资队伍也有助于促进学生在不同文化背景下的交流与理解，使学生更好地认识和尊重不同的文化，从而培养他们的跨文化交际能力。

（2）促进我国大学英语教学改革和发展

教育国际化给我国大学英语教学改革和发展带来了新的机遇和挑战，建设国际化的师资队伍，有助于推动我国大学英语教学改革和发展。一方面，国际化的师资队伍有助于学校引入国际先进的教育理念和教学方法，对于提升学校的英语教育质量具有重要意义，为我国大学英语教学改革提供有力支持；另一方面，在国际化的师资队伍中，教师可以相互学习、交流，不断丰富自己的教学经验和方法，为我国大学英语教学改革与发展提供支持。

（3）培养具有国际竞争力的人才

在全球化背景下，国际竞争力已成为国家发展的重要驱动力。一支具备国际化视野和能力的师资队伍不仅能够为学校开展各类教学活动提供人才支持，还能够培养出更多的具有国际竞争力的学生。教师可以通过国际化的教学内容、合作交流项目等，帮助学生提高英语语用能力，拓宽学生的国际化视野，更好地适应国际化的社会环境，提高其在全球范围内的竞争力。

此外，国际化的师资队伍也有助于推动学校与国际教育机构之间的合作，如参与国际性的教育项目、开展学术研究合作等，提高学校自身的影响力。

2. 师资队伍国际化建设的途径

（1）加强国际交流与合作

进行国际交流与合作是实现师资队伍国际化的重要途径。学校可以在有关部门和相关政策的指引下，与国外高校、教育研究机构建立合作关系，推动教师的国际交流与合作项目，如组织一系列的国际化教育活动，包括国际研讨会、学术交流会、国际文化周等，为本校教师提供与国际同行进行交流的机会与平台，以促进国际化优秀教育理念的传播和国内外优秀教育经验的融合，进而拓宽我国大学英语师资队伍的国际视野和提高我国大学英语教学水平。

（2）打造国际化课程体系

课程是教学的核心，打造国际化课程体系有助于提升我国学生的国际竞争力。学校应根据教育部门的相关政策推动本校课程设置、教学方法和评价体系改革，引入国际先进的教育理念和实践，使课程内容更具国际化和时代性，为教师和学生提供更多的提高英语能力的机会与选择。同时，学校应强化师资队伍管理，建立相应的激励机制，鼓励教师在国际学术领域取得优异成绩，促进教师的专业发展。

（3）招聘国际化人才

学校可以在招聘过程中注重引进国际化人才，包括邀请国外优秀教师、学者加入学校师资队伍，或者在国际性招聘活动中注重选聘拥有留学背景和经验的候选人。这有助于学校引入更加优质的国际教育资源。

3.师资队伍国际化建设面临的挑战与未来发展趋势

（1）面临的挑战

① 语言和文化差异

学校在建设国际化师资队伍上面临语言和文化差异的挑战。来自不同国家和地区的教师可能会使用不同的发音方法和教学风格来进行英语教学，因此学校需要建立更好的跨文化沟通和合作机制，帮助教师了解不同文化背景下的沟通方式和礼仪要求，提高其跨文化沟通能力。

② 专业认可问题

一些教师的专业背景和资格认证在我国可能不被普遍认可，这可能会影响这些教师在学校内的教学工作和专业发展。因此，建立国际教师专业认证机制变得尤为重要。

（2）未来发展趋势

① 数字化国际交流

随着数字化技术的发展，未来国际化的师资队伍将更多地依赖数字化平台进行国际交流。这有助于突破时空限制，促进全球范围内的师资交流与合作。

② 跨学科与跨文化教育

未来国际化的师资队伍将更加注重跨学科和跨文化的教育。教师需要具备更广泛的知识背景，才能在不同学科和文化领域中进行整合教学，培养学生的全球化视野。

③ 教师的终身学习

随着知识的不断更新和变革，未来国际化的师资队伍将更加重视终身学习。教师需要不断更新自己的知识体系，以适应不断发展的国际化教育的要求。

大学师资队伍多元化与国际化建设是教育体系发展的重要方向。多元化的师资队伍有助于满足学生的多样化需求、促进文化交流与理解、拓宽教育视野、提高教学质量。国际化的师资队伍则能引入国际先进的教育理念、提升学生的国际竞争力、推动全球化合作、培养学生的国际视野。通过共同努力，学校能够实现师资队伍多元化与国际化建设目标，为大学英语教育事业的发展做出更大的贡献。

第二节　大学生英语学习需求发生变革

一、大学生英语学习需求的调查与分析

（一）背景介绍

近年来，大学生的英语学习需求发生了深刻的变革。如今，大学生更加关注自己的英语实际应用能力，尤其是口语和听力方面。学习英语逐渐成为大学生拓宽视野、提升自己的国际竞争力的一种途径。然而，大学生的英语学习需求和实际英语水平之间仍存在一定的差距。如何提高英语教学质量、满足大学生的个性化英语学习需求成为大学及英语教育工作者关注的焦点。

因此，开展一次大学生英语学习需求调查，深入了解大学生的英语学习需求对于大学调整英语课程设置、制订英语教学计划具有重要的参考价值。具体来说，进行大学生英语学习需求调查与分析的重要性包括：①有助于大学及英语教师了解大学生的实际需求，即大学生在英语学习过程中的困难、需求和期望，为英语教学改革提供依据。②有助于大学优化教育资源配置，合理利用教学资源，提高教学质量，满足大学生的个性化学习需求。③能够指导教学方法改革。调查结果可以为英语教师提供指导，帮助他们改进教学方法，提高教学效果。④有利于促进大学生全面发展。通过对大学生英语学习需求的分析，英语教师可以有针对性地开展英语教学，

提升大学生的听、说、读、写四项基本技能，培养大学生的跨文化交际能力，助力大学生全面发展。

（二）调查设计与实施

1. 调查目的

本次调查的目的是深入了解大学生对于英语学习的需求，包括但不限于：大学生学习英语的目标；大学生在英语学习中遇到的困难和挑战；大学生对英语教学方式的偏好；大学生对英语教材和其他学习资源的需求。

2. 调查方法

（1）问卷调查

设计题目覆盖大学生英语学习的各个方面的结构化问卷，问卷包括选择题、开放性问题和评分题，以全面了解大学生对于英语学习的需求和观点。调查对象要覆盖全校大学生。同时，要确保问卷的填写过程简便，便于大学生积极参与。

（2）小组讨论

在学校或班级范围内组织小组讨论，邀请大学生分享个人的学习体验、感受和建议。通过小组讨论，可以深入了解大学生的真实需求。

（3）面谈

选取一部分大学生进行面谈，深入了解其个体差异和更为细致的需求。面谈可以提供更为详细和深入的信息，有助于教师制定更具针对性的教学方案。要确保面谈的过程轻松自然，为大学生留有充分表达的空间。

（三）调查结果

通过问卷调查、小组讨论和面谈，共收集到有效问卷300份。参与调查的大学生来自不同年级、专业。经检验，所收集的问卷资料及数据分析结果均具有统计学意义。调查结果如下：

1. 大学生英语学习需求的多样化

调查结果显示，大学生英语学习需求呈现出多样化的特点。在学习目标方面，多数大学生认为英语学习有助于通过专业考试，同时可以提高综合素质、就业竞争力和学术交流能力，拓宽国际视野。在学习方式上，大学生倾向于自主学习、课堂学习、实践应用等多种方式。在学习资源方面，大学生对英语教材、学习资源、实践机会等方面提出了不同需求。首先，在英语教材方面，大学生希望能够接触到与时俱进、内容丰富的教材。这些教材应具备一定的实用性和趣味性，以激发大学生的学习兴趣。此外，教材的难度应适当，既能满足高水平学生的需求，又能兼顾基础薄弱的学生。其次，在学习资源方面，多数大学生期待学校能够提供丰富、优质的网络学习资源，以帮助他们巩固课堂所学、拓宽知识面。这些资源可以包括在线课程、学术文章、短视频、外语学习软件等。最后，在实践机会方面，大学生渴望在实际操作中检验所学知识，运用听、说、读、写四项基本技能。

2. 大学生英语学习需求的个体差异

大学生的英语学习需求呈现出明显的个体差异。这种差异主要表现在两个方面：一是不同专业背景的大学生对英语学习的期望和需求各异；二是大学生的学习需求受到个人兴趣、英语基础等因素的影响。

从专业背景来看，文科生和理科生的英语学习需求有所不同。文科生更注重英语阅读和写作能力的培养，理科生则更关注英语在专业领域的应用，如查阅英文资料、与国际同行进行学术交流等。此外，大学生的学习需求受到个人兴趣和英语基础的影响。英语基础较好的学生，通常更倾向于提高口语表达能力。这是因为他们在基础知识方面已经具备一定优势，进一步发展口语能力能更好地发挥这一优势。英语基础较差的学生，则迫切需要加强词汇和语法学习，主要原因在于他们在词汇和语法方面存在不足，制约了他们的英语水平的提高。因此，针对不同英语基础的大学生，教师应采取不同的教学方法和策略。

总之，大学生英语学习需求的个体差异不容忽视，教师应充分了解大学生的专业背景、个人兴趣和英语基础，制订因材施教的教学计划，以满足不同大学生的学习需求。

3. 影响大学生英语学习需求的因素

通过问卷调查与结果分析可以发现，影响大学生英语学习需求的因素既包括个人特质、学习动机、教学方法等因素，也包括外部环境、社会文化等因素。

首先，个人特质是影响大学生英语学习需求的一个重要因素。每个人的学习能力、学习习惯和认知风格都有所不同，这些差异在一定程度上决定了英语学习的效果。例如，有些大学生具备较强的自主学习能力，他们能够制订合理的学习计划并严格执行，从而取得较好的成绩；而另一些大学生则可能因为不够自律，学习效果不尽如人意。

其次，学习动机是激发大学生英语学习兴趣的重要因素。具有强烈学习动机的大学生，通常能够克服学习过程中的困难，持之以恒地提高自己的英语水平。反之，缺乏学习动机的大学生容易陷入被动学习的状态，导致英语学习效果不佳。

再次，教学方法对大学生英语学习需求的影响也不容忽视。合理的教学方法能够提高大学生的学习成效，激发他们的学习热情。反之，陈旧、枯燥的教学方法则容易导致大学生失去学习兴趣。

最后，外部环境和社交文化等因素也会对大学生的英语学习需求产生影响。良好的校园环境和学习氛围能够促使大学生互相学习、共同进步。此外，社会文化背景也会影响大学生对英语学习的重视程度。

综上所述，大学生英语学习需求多样化，且个性差异明显。因此，英语教师应遵循因材施教的原则，关注大学生的兴趣和发展方向，充分调动大学生的学习积极性。同时，学校、家庭和社会应共同努力，为大学生提供良好的学习环境和支持。

二、大学生差异化学习的支持策略

在现代大学教育中，大学生的差异化学习需求越来越受到关注。每个大学生都是独特的个体，具有不同的学习风格、兴趣、能力和学科理解程度。因此，为了实现更有效的教学，教师需要采取差异化的学习支持策略，以满足大学生的多样化需求，使每个大学生都能够充分发挥潜力。具体来说，我们可以通过实施以下策略来支持大学生的差异化学习，满足大学生多样化的英语学习需求。

（一）差异化学习的重要性

1. 有助于激发大学生的英语学习兴趣

对许多大学生而言，英语学习是一道难以逾越的关卡。其中，很重要的一个原因是传统的英语教学模式无法满足不同大学生的学习需求。通过差异化英语学习，教师可以根据大学生的实际水平、兴趣和目标，制定个性化的教学方案，从而提高大学生的学习兴趣，使他们更愿意投入英语学习活动中。

2. 有助于提高大学生的英语实际应用能力

在实际生活中，英语的应用场景多种多样，不同领域对英语能力的要求也各不相同。在差异化学习中，教师可以根据大学生的专业背景和未来发展方向，有针对性地提高他们在特定领域内的英语应用能力。例如，对于经贸专业的大学生，可以加强商务英语、专业词汇等方面的教学；对于有留学意向的大学生，可以重点提高雅思、托福等考试所需的英语能力。

3. 有助于培养大学生的综合素质

差异化学习不仅关注大学生的语言能力，还关注大学生的思维能力、文化素养，等等。通过多元化的教学内容和形式，如口语表达、听力训练、英语角、英语剧社等，大学生可以在全面提高英语能力的同时，培养自己的综合素质。

4. 有助于实现教育公平

在我国，英语教育资源和质量在一定程度上存在地区、校际差距。通过差异化英语学习，教师可以针对大学生的实际情况，提供适合他们的教育和网络学习资源，使每个大学生都能得到适合自己的英语教育，从而实现教育公平。

总而言之，大学生在认知、兴趣、学科领域和学习速度等方面存在差异，了解并尊重这些差异是帮助大学生实现差异化学习的前提。通过差异化学习，教师能够更好地满足大学生的学习需求，使英语教学更加个性化，从而激发大学生的学习兴趣和动力，提高英语教学效果。同时，教师可以在此过程中培养大学生的自主学习能力和适应不同学习环境的能力，从而帮助学生养成终身学习的良好习惯，更好地适应未来社会的不断变化。

（二）差异化学习需要注意的问题

1. 大学生学习风格的多样性

大学生的学习风格因个体差异而有所不同。例如，有的大学生偏好视觉学习，有的大学生更适应听觉学习，有的大学生则更善于动手实践。因此，教师在开展差异化学习活动时，要充分考虑这种多样性。

2. 大学生学科理解程度的不同

学科理解是指对学科知识及其思维方式和方法的一种本原性、结构化的认识，它是教师解读学科课程标准、认识学科素养、把握学科课程内容、确定学科学习目标的基础，也是学生提升学习效果的关键。大学生对不同学科的理解程度和兴趣水平也存在差异。一些大学生可能在数学领域表现出色，而在语言类学科中的表现相对逊色。因此，教师在开展差异化学习活动的过程中，要注意选择符合不同大学生的理解程度的英语学习内容。

3. 大学生学习速度的差异

大学生的学习速度也会因个体差异而有所不同。例如，面对同一知识点，有的大学生可能需要用更多的时间去深入理解，而有的大学生可能在短时间内就能掌握。因此，教师应该充分认识到大学生之间的差异，并采取具有针对性的教学方法。对于需要更多时间去理解知识的大学生，教师应给予耐心指导，提供充足的学习资源，帮助他们巩固基础，逐步提高学习能力。同时，教师要关注这些大学生的心理素质，培养他们面对困难的信心和毅力。对于能在短时间内掌握知识的大学生，教师应激发他们的学习潜力，提供更具挑战性和深度的学习内容，以保持他们对英语的学习兴趣。此外，教师还需注重培养这些大学生的团队合作精神和领导能力，使他们能在集体中发挥更大的作用。

（三）差异化学习支持策略的设计原则

根据差异化学习的重要性及需要注意的问题，可以总结出差异化学习支持策略的几点设计原则，具体内容如下：

1. 尊重大学生的个体差异

尊重大学生的个体差异是设计差异化学习支持策略的基本原则。在英语学习上，每个大学生都有自己的学习特点和学习需求，教师应充分了解大学生的诉求、兴趣和潜能，有针对性地制订学习计划和选择教学方法。此外，教师应注重培养大学生的自主学习能力，帮助他们找到适合自己的英语学习方法。

2. 制订个性化学习计划

差异化学习要求教师因材施教，即根据大学生的差异化学习需求制订个性化的学习计划，其中包括设定个别大学生的学习目标、学习进度安排、学习效果评价方式等；定期进行个性化的辅导和反馈，了解大学生的学习状况和困难，及时调整学习计划和教学方法，以确保大学生英语学习能力的全面发展。

3. 进行弹性教学设计

差异化学习需要弹性的教学设计，以满足大学生在能力、难度、兴趣等方面的差异化需求。同时，大学生的英语学习需求是不断变化的，教师应该做好灵活调整教学内容和方法的准备，根据大学生的反馈情况，及时调整教学计划和支持策略，以适应大学生英语学习的实际情况。

4. 提供多样化的学习资源

学校和教师应为大学生提供丰富多样的英语学习资源，包括书籍、视频、在线课程、实践活动等，以满足大学生不同学习风格的需求。例如，从听、说、读、写四个方面来丰富英语学习资源。在听力和口语方面，可以组织英语角、辩论赛等活动，让大学生有机会与同学、老师进行实时英语交流；在阅读和写作方面，可以提供英文书籍、文章等资源，让大学生在阅读和写作中不断提高自己的英语水平。再如，可以利用现代科技手段，如在线教育平台、英语学习 App 等，为大学生提供便捷、个性化的英语学习资源。这些平台可以实现大学生与教师之间的实时互动，让大学生在课余时间也能轻松学习英语。同时，这些平台还可以通过大数据分析，为大学生推荐适合他们的学习资源，提高学习效果。

5. 鼓励开展合作学习

合作学习作为一种学习策略，旨在通过激发学生之间的互动与合作，提高学习效果和教学质量。它强调的是学生在学习过程中的积极参与和共同进步，认为个体在团队中的相互依赖和协作对于知识的掌握和能力的提升具有重要意义。差异化学习并不意味着要完全孤立地进行学习。教师可以鼓励大学生开展合作学习，通过小组活动等方式促使大学生相互支持、互相学习。同时，教师需要关注大学生在英语学习活动中的个体发展情况，确保每个大学生都能在合作学习中得到有效的锻炼和提升。

6. 采用多元评价方式

多元评价方式包括项目作业、小组展示、口头报告等，可以全面、客观地评估学生的英语能力、英语学习成果和学习表现，以便教师更加全面地了解学生对英语学科知识和技能的掌握水平。多元评价方式的内涵如下：第一，评价主体多元化，包括教师评价、学生自评、同伴评价等多种形式。第二，评价内容多元化，涵盖学科知识、实践能力、道德品质等多个方面，关注学生的全面发展。第三，评价方法多元化，结合定量评价与定性评价，注重过程与结果的有机结合。第四，评价载体多元化，即利用信息技术手段，实现线上线下相结合的评价模式。

采用多元评价方式是新时代教育改革的重要方向，因此大学及英语教师要转变观念，充分认识到多元化评价的重要性。大学应建立健全多元化评价制度，确保评价的公平、公正、公开，通过培训等方式提高英语教师的评价能力，使英语教师掌握多种评价方法，从而为大学生提供个性化的评价。同时，要鼓励大学生进行自主评价，培养他们的自我认知能力和反思能力。

第三节　大学英语考试评价体系出现革新

近年来，我国高等教育逐渐重视对学生英语实际应用能力的培养，大学英语考试及其评价体系也在朝着更加注重语言运用能力的方向发展，而大学英语教学改革创新的目的之一就是提高学生的英语实际应用能力，使他们能够在日常生活、工作和学习中熟练地运用英语。那么，大学英语考试评价体系革新对大学英语教学改革的影响如何呢？本节将从考试对大学英语教学的影响、大学英语考试评价体系的改革与启示两个方面进行具体研究。

一、考试对大学英语教学的影响

（一）考试与课程设计

1.考试对课程目标的影响

考试结果直接反映了学生对课程目标的达成情况和对所学内容的掌握情况。在进行课程设计时，教师需要结合考试结果明确课程目标；根据考试的要求，确保教学内容与教学目标具有较高的契合度。考试结果能够指导教师更加准确地了解学生对不同知识点的理解程度，从而为调整教学内容提供依据。

2.考试对课程内容的影响

考试内容通常覆盖了大学英语课程中的不同知识点，不同层次的题型能够检验学生对基础知识的掌握情况和高阶思维的培养情况。因此，教师在设计课程内容时，需要根据考试的特点有选择地安排知识点的深度与广度，确保学生在学科领域更为全面地掌握所学的英语知识和技能。

（二）考试与教学方法

1. 考试对教学方法选择的影响

考试是一种重要的教学效果反馈机制，不同的学生在考试中表现出的优势和劣势能够指导教师调整教学方法。例如，如果大多数学生在某一类题型上的表现较差，教师则可能需要调整教学方法，采用更加生动、有效的方法对英语知识进行讲解。

2. 考试对教学方法评估的影响

通过考试，教师能够评估自己所采用的教学方法是否得当。如果学生在考试中的表现普遍不佳，可能说明教学方法不够得当，教师则需要重新审视这种教学方法的有效性。考试结果能够为教师提供一个客观的调整教学方法的标准，帮助教师更好地了解何种教学方法更符合学生的学习需求。

（三）考试对学生发展的指导作用

考试作为评估学生学习成果的重要手段，对学生的发展具有一定的指导作用。在教学过程中，考试不仅可以帮助学生了解自己的学习水平，还可以引导他们发现自己在学习过程中的不足之处，从而有针对性地进行改进。

1. 有助于学生了解自身的优势与不足

考试能够反映学生的个体差异，包括学科特长、学科薄弱环节，以及学科兴趣。通过分析学生的考试表现，教师可以更有针对性地制订个性化的教学计划。通过考试，学生可以更加直观地了解自己对所学英语知识和技能的掌握程度，从而找到自己的优势和需要加强的薄弱环节。这对于学生今后的学习规划具有重要意义，使他们能够更有针对性地进行自我提升。

2. 有助于培养学生的学科思维

考试不仅测试了学生对所学知识点的掌握情况，还检验了其在解决实际问题时的学科思维。教师可以通过分析学生在听力、阅读等环节的表现，指导他们培养学科思维，帮助他们更好地运用所学知识解决实际问题。

3. 有助于学生调整与优化学习方法

在考试过程中，学生可以反思自己在复习、应试等方面的方法是否合理有效。学生可以在总结经验教训的基础上，调整学习方法，提高学习效率。此外，考试还可以引导学生养成良好的学习习惯，如合理安排时间、保持专注等。

4. 有助于激发学生的学习动力与兴趣

适度的竞争和压力有助于激发学生的学习动力。考试作为一种评价机制，可以让学生在竞争中体验到成功的喜悦和进步的成就感，从而激发他们对学习的热情。同时，考试也可以帮助学生发现自己在学术以外的潜能，培养多元化的兴趣爱好。

5. 有助于引导学生树立正确的价值观

考试不仅是对知识的检验，也是对品格的锻炼。在考试过程中，学生需要遵守诚信原则，树立正确的价值观，这对他们今后的发展具有重要意义。

（四）考试面临的问题

1.应试教育的困境

过于注重"应试"的教育模式可能会导致学生对知识过度死记硬背，而忽略了对英语实际应用能力的培养，导致一些学生在解决英语实际问题时显得力不从心。

2.评价体系的片面性

考试评价体系可能存在一定的主观性和片面性，可能会对学生个体发展的全面性和多元性产生一定的负面影响。

二、大学英语考试评价体系的改革与启示

考试评价体系是大学教育领域中的一项至关重要的制度，直接关系到教学质量和学生的学业水平。然而，长期以来，传统的考试评价体系始终存在压力较大、学科局限性、教育公平性等问题。近年来，随着教育理念的更新和社会需求的变化，各大学在相关政策的指导下纷纷进行考试评价体系改革，以期更好地适应时代潮流、促进学生综合素质的培养与发展。

（一）考试评价体系改革的动因

1.学生综合素质培养的需求

大学阶段是学生个人发展的关键时期。然而，传统的大学英语考试评价体系往往过于注重学科知识的记忆与运用，而缺乏对学生综合素质的评价。同时，社会对学生综合素质的要求不断提高，这也促使大学对英语考试评价体系进行更为科学的改革。

2. 教育公平的诉求

大学英语考试评价体系改革的动因之一是促进教育公平。传统的大学英语考试评价体系在学科选择等方面存在一些不公平现象，对学生个体差异的包容性较低，而通过考试评价体系改革，可以在一定程度上解决这些问题，使每个学生都能够在合适的环境中充分发展。

3. 信息技术的支持

随着信息技术和人工智能的迅速发展，利用技术手段改革大学英语考试评价体系成为可能。在线考试、自适应测试等技术的应用为大学英语考试评价提供了新的途径，也使大学英语考试评价更为准确和及时。

（二）考试评价体系改革的目标

1. 强调学科思维与创新能力

大学英语考试评价体系改革的目标之一是培养学生的学科思维和创新能力，更注重学生对知识的整合和创新运用。

2. 构建多元化的评价方式

大学英语考试评价体系改革旨在构建多元化的大学英语考试评价方式，不仅包括书面考试，还包括项目作业、实践表现、口头答辩等。这有助于学校和教师更加全面地了解学生的能力和潜力，减少单一考试对学生的压力。

3. 支持个性化学习

大学英语考试评价体系改革的目标之一是支持个性化学习，考虑到学生的兴趣、发展需求和学科特长。通过灵活的考试评价方式，能够更好地满足学生的个体差异，激发其英语学习兴趣。

（三）考试评价体系改革的策略

1. 引入项目作业与实践评估

为了更好地考查学生在解决实际问题时的综合能力，许多国家将项目作业与实践评估引入考试评价体系，我国部分大学借鉴其中的优秀做法，对其英语考试评价体系进行了革新。在这种考试评价体系之下，学生需要运用所学知识解决实际问题，从而考查他们分析和解决实际问题的能力。

2. 开展综合素质评价

综合素质评价的内容不仅包括学生对英语学科知识的掌握程度，还包括学生的品德、人际沟通能力、团队协作能力等方面。这种评价方式旨在培养学生的综合素质，更好地服务于其未来的职业发展。

3. 推行在线考试与自适应测试

许多大学借助信息技术，开始推行在线考试与自适应测试，不仅提高了考试评价的灵活性和效率，同时也为学生提供了更加个性化的评价体验。

4. 强化教学改革

大学英语考试评价体系的改革需要伴随着大学英语教学模式的深刻变革。加强大学英语教学改革，引入问题导向、探究式学习等新方法，有助于培养学生的创新思维和英语综合能力。

（四）考试评价体系改革面临的挑战

1. 评价标准的制定问题

多元化的评价方式意味着大学需要制定相应的、更为复杂的评价标准。当前，如何建立公正、客观、准确的评价标准，成为大学英语考试评价体系改革中一个亟待解决的难题。

2. 教师培训与能力提升的问题

新的评价方式对教师提出了更高的专业要求，需要他们更加灵活地运用多元教学手段，并具备更全面的学科素养。因此，教师培训与能力提升也是大学英语考试评价体系改革中不可忽视的一环。教师需要适应新的考试评价体系，掌握更多的评价方法和技能，以更好地引导学生提高英语综合能力，获得全面发展。

3. 学生和家长的接受度问题

由于已经适应了长期存在的传统的考试评价方式，学生和家长对于新的考试评价方式可能存在一定的抵触情绪。他们习惯于通过分数来衡量学业成绩，而对于更注重综合素质的评价方式可能不适应。因此，学校应积极与学生和家长进行沟通，使其认识到大学英语考试评价体系改革的必要性，以提高相关利益主体的接受度。

4. 技术应用与信息安全的问题

大学在引入在线考试、自适应测试等技术手段之前，需要解决信息安全和技术平台的问题。如何保障在线考试过程的公正性、安全性，防范作弊行为，是大学英语考试评价体系改革中需要仔细考虑和解决的难题。

（五）考试评价体系改革的启示

1. 倡导多元评价

要倡导多元评价，充分发挥各种评价方式的优势。不同的评价方式可以从不同的侧面考查学生的英语综合能力和潜力，获得全面的评价结果，为教师开展英语教学工作提供参考。

2. 强化学科整合

跨学科教学是指在教学过程中，将不同学科的知识、方法和思维方式有机地融合在一起，让学生在掌握专业知识的同时，具备跨学科的知识结构和思维能力。这种教学模式有助于拓宽学生的视野，提高其分析和解决问题的能力，培养出具有创新精神和综合素质的人才。在大学英语教学中，教师应着力推进跨学科教学，使学生在学习英语的过程中，接触到不同学科的知识体系，从而丰富自己的思维。例如，在英语课堂上，教师可以引入历史、文化、科技等领域的内容，让学生在提高英语综合能力的同时，了解相关学科的知识。

3. 加强教师培训

大学英语考试评价体系改革需要伴随教师培训。教师培训内容应包括新的评价方法和技术应用、学科整合等方面的知识，以促进教师专业能力的提升，使教师能够更好地适应新的大学英语教育环境。

4. 引导学生积极参与

学生是大学英语考试评价的主体，教师应当引导学生了解新的评价方式并积极参与评价过程。大学可以通过开展学生参与式评价、学生自评、学生互评和师生互评等活动，激发学生的英语学习兴趣和动力。

5. 完善政策体系

大学英语考试评价体系改革需要正确的政策引导和相关政策体系的支持。相关政策体系应与大学英语考试评价体系相适应，并及时根据大学英语教学的实际情况进行调整和优化，以保证新的大学英语考试评价体系的顺利实施。

　　大学英语考试评价体系的改革是推动大学英语教学变革、促进学生全面发展的重要举措。新的大学英语考试评价体系要注重培养学生的英语能力、创新能力、综合素质和跨学科思维，强调多元评价方式，倡导个性化学习，使学生能更好地适应未来社会的需求。

第二章 大学英语教学改革的理论基础与指导方法

第一节 语言教学理论

一、语言教学理论的发展

语言教学理论一直是语言教育领域中备受关注的话题。随着社会、科技和教育观念的不断变化，语言教学理论也在不断演变和发展。以下将简要介绍语言教学理论的早期发展情况，并介绍几种主要的语言教学理论。

（一）语言教学理论的早期发展

1.语法翻译法

语法翻译法是用母语翻译、教授外语书面语的一种传统外语教学法，即用语法讲解加翻译练习的方式来教授外语的方法。在 18 世纪末的欧洲，语法翻译法是一种流行的语言教学方法，重视语法规则的记忆和翻译技能的培养。该方法主要以文法规则为中心，主张让学生通过翻译文本来掌握语言知识。

2. 直接法

直接法于 19 世纪末在欧洲产生。它包含三个方面的意思：直接学习、直接理解和直接应用。其主要特点是：不允许使用母语，而用动作和图画等直观手段解释词义和句子。直接法强调直观感知语言结构，通过生活实例来学习语言，注重真实交际环境中的语言运用。

（二）行为主义学习理论

行为主义学者认为，学习是刺激与反应之间的联结，他们的基本假设是：行为是学习者对环境刺激所做出的反应。行为主义学习理论认为，语言也是一种行为，语言学习的过程就是行为形成的过程，而行为的形成是人们对外界的刺激不断做出反应的结果。具有代表性的行为主义学习理论有美国心理学家爱德华·李·桑代克的尝试错误说、俄国心理学家伊万·彼德罗维奇·巴甫洛夫的经典条件作用理论、美国行为主义心理学家伯尔赫斯·弗雷德里克·斯金纳的操作条件反射理论，以及美国当代著名心理学家阿尔伯特·班杜拉的观察学习理论。本书主要介绍后两种理论。

1. 斯金纳的操作条件反射理论

20 世纪中期，斯金纳提出了操作条件反射理论，主张通过刺激和响应的训练来形成语言习得的条件反射。这一理论推动了语言教学中语言结构和句型的重复训练。

2. 班杜拉的观察学习理论

班杜拉认为，人的一切社会学行为都是在社会环境的影响下，通过对他人示范行为及其结果的观察学习而形成的。他将学习分为直接经验学习和观察学习两种形式。其中，直接经验学习是个体对刺激做出反应并受到强化而完成的学习过程，其学习模式是刺激—反应—强化；离开学习者本身的经验及其所受到的强化，学习就不能产生。观察学习是指个体通过观察榜样在应对外在刺激时的反应及其受到的强化而完成学习的过程。

（三）认知主义学习理论

认知学习理论是通过研究人的认知过程来探索学习规律的学习理论。通常认为，认知学习理论发端于早期认知理论的代表学派——格式塔心理学的顿悟说。然而，认知学习理论的真正形成却是 20 世纪六七十年代的事情。

1. 乔姆斯基的语言学理论

20 世纪中期后，美国语言学家、哲学家诺姆·乔姆斯基提出了语言习得的认知观点，认为语言能力是基于心理模型的建构，而非简单的刺激—响应。这一理论推动了认知主义语言教学的兴起。

2. 信息加工理论

信息加工理论认为，人的认知过程就是对信息的加工过程，力图建立心理活动的计算机模型；涉及人如何注意、选择和接收信息，如何对信息进行编码、内在化和组织，以及如何利用这些信息做出决策和指导自己的行为等。认知心理学家利用计算机科学、语言学和信息论的有关概念，阐明了人的认知过程及其适应行为，推动了心理学各个领域的理论和实验研究的发展，特别是在知觉、记忆、语言和问题解决的研究中，取得迅速发展。认知主义语言教学注重学习者在接受和处理信息的过程中对语言规则的深层次理解，倡导任务型教学，强调语言运用的实际情境。

（四）建构主义学习理论

建构主义是 20 世纪 90 年代以来兴起于欧美国家的一种庞杂的社会科学理论，随着心理学家对人类学习过程认知规律的深入研究而产生，是学习理论中行为主义发展到认知主义以后的进一步发展，被誉为当代教育心理学中的一场革命。建构主义认为，学习不是由教师把知识简单地传递给学生，而是学生自己建构知识的过程。建构主义学习理论的形成，对教师的教学提出了新的、更高的要求。与建构主义学习理论及建构主义学习环境相适应的教学模式为："以学生为中心，在整个教学过程中由教师起组织者、指导者、帮助者和促进者的作用，利用情境、协作、会话等学习环境要素充分发挥学生的主动性、积极性和首创精神，最终达到使学生有效地实现对当前所学知识的意义建构的目的。"

语言教学理论的发展历程呈现出多样性和复杂性。从早期的语法翻译法的提出到行为主义、认知主义等不同流派的兴起，再到社会文化理论的引入，每一阶段都反映了教育观念和社会背景的变迁。未来，随着科技、全球化和多元文化的影响，语言教学理论将继续演变和发展。个性化学习、技术融合、社会参与、情感与文化等因素，将为未来的语言教学提供更为丰富的可能性。大学英语教学作为语言教学的重要组成部分，其改革与发展应当受到大学及广大英语教育工作者的重视，相关教育者和研究者需要紧密关注其发展趋势，不断调整教学理念和方法，以更好地适应未来的语言教育的发展需求。

二、语言教学理论在大学英语教学中的应用

语言教学理论是语言教学中的重要理论基础，涉及语言习得的过程、影响语言习得的因素，以及有效的语言教学方法。在大学英语教学中应用语言教学理论对于教师选择合理的教学策略、提高学生的语言能力具有重要意义。

（一）行为主义学习理论的应用

一方面，行为主义学习理论强调通过反复操练巩固语言结构，教师在英语教学中可以采用大量的重复练习来帮助学生掌握语法和词汇。另一方面，行为主义学习理论强调奖励和惩罚的作用，教师在英语教学中可以通过及时的正面反馈和奖励等方式鼓励学生，同时通过适当的惩罚机制对学生在英语学习过程中的错误进行纠正。

行为主义学习理论在语言习得方面强调学习者的外部可观察行为，但却忽视了学习者的内在认知过程和个体差异，被认为难以解释学习者的创造性语言应用和高层次思维能力。

（二）认知主义学习理论的应用

认知主义学习理论倡导在教学中创设真实语境，使学生能够在实际的交际场景中理解和应用语言。

认知主义学习理论强调激发学生的思维。在日常英语教学中，教师可以通过提问、讨论和解决问题等方式，激发学生的思维，帮助他们建构和整理语言知识。

认知主义学习理论强调学习者的思维过程和学习者对信息的理解，对于培养学习者的创造性思维和高级语言技能有一定的促进作用。然而，它忽视了情感和社会因素对语言习得的影响。

（三）建构主义学习理论的应用

建构主义学习理论支持个性化学习，鼓励学生根据自身需求和兴趣进行学习，教师则可以在此过程中为学生提供个性化的指导。

建构主义学习理论强调开展项目式学习。通过项目式学习，学生可以针对实际问题进行调研，从而解决问题，建构与实际情境相关的语言知识。

建构主义学习理论注重学习者在学习上的主动性和自主性，强调学习的个体化和深度。然而，它也可能面临学科知识系统性不足及对过度依赖学生自主性的挑战。

（四）不同语言教学理论在大学英语教学的综合运用

1. 教学策略的综合运用

在实际的大学英语教学中，教师可以综合运用不同的语言教学理论，根据学科特点、学生的个体差异及教学目标，灵活选择相应的教学策略。例如，在语法和词汇教学中，教师可以采用行为主义学习理论中的反复操练法；在口语和写作训练中，教师可以借鉴建构主义学习理论中的协作学习等方法；在启发思维和深化理解方面，教师可以综合应用行为主义的观察学习理论、认知主义的信息加工理论和建构主义的相应理念。

2. 创设多元化语言环境

为了促进学生全面发展，教师应在大学英语教学中创设多元化的语言环境，包括丰富的语言输入环境、真实的语境、合作学习和项目式学习等。通过创设多元化的语言环境，可以更好地激发学生的学习兴趣，提高学生的语言运用能力。

3. 引导学生自主学习

无论采用何种语言习得理论，都应该注重培养学生的自主学习能力。教师在日常英语教学中可以通过引导学生提出问题、进行讨论、开展独立研究等方式，培养学生自主获取语言知识和运用语言的能力。

4. 关注学生个体差异

在大学英语实践教学中，对于一些学生，可能更适合应用强调合作学习的行为主义学习理论；而对于另一些学生，可能更适合应用强调个体思考和构建知识的认知主义或建构主义的学习理论。因此，教师需要关注学生的个体差异，根据不同学生的学习风格、兴趣和水平，采用灵活多样的教学方法。

（五）在教学中应用语言教学理论存在的困难及应对策略

1. 在教学中应用语言教学理论存在的困难

一是课堂时间有限。教师在有限的课堂教学时间内需要平衡不同理论的应用，确保学生的语言知识、技能和社会交往能力得到全面发展。

二是考试评估问题。传统的大学英语考试可能更注重学生对英语知识点掌握情况的测试，难以全面评价学生的语言运用能力和社会交往能力，因此教师需要改进考试评估方式。

三是师资培训问题。教师需要具备跨学科的知识和综合的教学能力，而要实现这一点，大学可能需要进行更加全面的教师培训。

2. 在教学中应用语言教学理论的策略

一是，个性化学习平台的应用。随着信息技术的发展，个性化学习平台的应用成为可能，教师可以借助各类信息平台更好地关注学生的个体差异，满足学生的多样化需求，并为其提供个性化的英语学习支持。

二是，注重跨学科整合。未来的语言教学理论可能更加注重跨学科整合，也就是将英语教学与其他学科教学相结合，使学生获得综合的、有深度的语言学习体验。

三是，社会互动的虚拟环境。利用虚拟现实技术等手段，创造更真实的社会互动环境，帮助学生在语言运用中更好地解决实际问题，提升英语能力，融入社会实践。

在大学英语教学中，语言教学理论的选择和运用直接影响到教学效果和学生的语言发展。行为主义学习理论、认知主义学习理论和建构主义学习理论都有其独特的优势，同时也存在一定的不足之处。因此，在实际教学中如何综合应用这些理论提高英语教学质量，培养学生的语言运用能力、合作能力和思维能力，进而促进英语教学改革，成为相关教育工作者的关键任务。

随着社会、科技和教育的不断发展，大学英语教学工作也将获得新的机遇和面临新的挑战。大学英语教师需要不断关注最新的语言教学理论的研究成果，结合自身的教学实践，对大学英语教学的理念、方法、模式进行创新和改进。综合而言，在大学英语教学中应用语言教学理论需要灵活而有针对性。教师在设计教学方案时，应该根据学科特点、学生的个体差异和教学目标综合应用不同的理论，创设丰富多样的语言学习环境，激发学生的学习兴趣，提高语言运用能力，培养具备综合素质的学生。在这个过程中，教师的专业发展和持续学习尤为重要，这也是其适应不断变化的教育环境和学生需求的必然选择。

第二节　多元智能理论

一、多元智能理论概述

（一）多元智能理论的核心概念

1.多元智能的定义

多元智能理论认为智力是多元化的，不同的人在不同领域具有不同的智能。美国教育心理学家霍华德·加德纳将智力定义为"在特定文化背景中能够解决问题或创造有价值的产品的能力"。他强调了智力在特定文化和社会背景中的相对性，强调了个体在特定领域的潜在才能。

2.多元智能的特点

（1）独立性

多元智能理论认为，每种智能都是相对独立的，即一个人在某一种智能领域的表现并不一定能够预测其在其他智能领域的表现。例如，一个在数学方面表现优异的学生未必在艺术方面表现得同样优秀。这强调了个体的多元智能之间的独立性和差异性。

（2）有限性

尽管多元智能理论认为智力是多元化的，但并不意味着每个人在所有领域都具有出色的表现。相反，加德纳强调了每个人在特定智力领域的优势和潜能，同时也认识到每个人在某些领域可能存在相对的不足。

（二）多元智能的分类

加德纳最初提出了七种智能，后来发展到八种。每种智能代表了个体在不同领域中表现出的独特能力。

1. 语言智能

语言智能是指人们对语言的掌握和运用能力，包括阅读、写作、说话和倾听。个体可能表现出对语法、修辞、逻辑和词汇等的高度敏感。

2. 逻辑数学智能

逻辑数学智能是指人们处理数学和逻辑问题的能力。这种智能涵盖了数学推理、问题解决、逻辑推理等方面的能力。

3. 空间智能

空间智能是指人们在空间方面的感知和理解能力，包括对图形、图像、空间关系和方向的敏感性。个体可能表现出对空间布局和方向感的高度敏感。

4. 音乐智能

音乐智能是指人们对音乐元素的感知和理解能力，包括对音高、音调、旋律、和声等的敏感性。个体可能表现出对音乐的创造性和欣赏性。

5. 身体运动智能

身体运动智能是指人们对身体运动与动作的掌握和协调能力。这种智能涵盖了运动、手眼协调和空间定位等方面的能力。

6. 人际关系智能

人际关系智能是指人们理解和与他人相处的能力，包括沟通、社交、领导等方面的能力，是个体能觉察体验他人的情绪，以及有效地与他人互动的能力。

7. 自我认识智能

自我认识智能是指人们对自己的思想和情感的深刻理解和认知能力。这种智能涵盖了自我反思、情感管理、目标设定等方面的能力。个体可能表现出对自身内在世界的敏感性和理解力。

8. 自然观察智能

自然观察智能是指人们善于观察自然界中的各种事物，对物体进行辩论和分类的能力。这种智能包括对环境的观察、分类、认知和与自然界互动的能力。

这些智能并不是相互独立的，而是相互交织、互相影响的。个体通常在多个智能领域中表现出独特的优势和倾向。多元智能理论试图通过对这些智能的分类，更全面地理解个体的智力表现。

二、多元智能理论在大学英语教学中的应用及意义

多元智能理论提出了一个重要的教育观点，即不同学生具有不同的智力优势，教育应该关注并培养和发展学生的多元智能，使学生在各个领域都能够充分发展自己的潜力。

（一）多元智能理论在大学英语教学中的应用

多元智能理论对教育产生了深远的影响，推动了个性化和多元化教学方法的产生。多元智能理论在教学中主要应用于以下方面：

1. 个性化教学

多元智能理论强调每个学生在不同智能领域的独特潜能。在大学英语教学中，教师可以通过了解学生的多元智能类型，采用个性化的教学方法，满足每个学生在不同领域的学习需求，激发他们的学习兴趣。

2. 多元评价

传统的智力测验主要以笔试的形式进行，主要考查学生的书面阅读及写作能力，以及对语法知识的掌握情况。多元智能理论提倡采用多元评价的方式，包括项目作业、实际表现、观察评估等，以帮助教师更加全面地了解学生在不同领域的智力表现。

3. 课程设计

多元智能理论对课程设计提出了新的挑战。教师可以在设计课程时充分考虑多元智能理论，通过多元的学习活动和资源，促进学生在各个智能领域的全面发展。

4. 跨学科教学

多元智能理论鼓励教师采用跨学科的教学方法，通过将不同学科领域的知识结合起来，帮助学生更好地理解和应用英语知识。这有助于打破传统的学科之间的界限，促进学生在多个智能领域的交叉发展。

5. 学习环境的优化

多元智能理论强调学生在不同智能领域的差异，因此对学习环境提出了更高的要求。教师可以通过创设丰富多彩的学习环境，促进学生在多个智能领域的发展。

6. 培养终身学习的观念

多元智能理论鼓励学生在各个智能领域的不断发展和提升，有利于培养学生的终身学习观念，使其不断追求全面发展。

（二）在大学英语教学中应用多元智能理论的意义

1. 激发学生的学习动机

多元智能理论的应用能够激发学生学习的兴趣和动机。通过在英语教学中融入多元智能的教学策略，能够更好地满足学生在不同智能领域的学习需求，使学习过程更加有趣和富有挑战性。

2. 提高语言学习的深度和广度

多元智能理论鼓励教师在英语教学中采用多元的教学方法和资源，使学生在听、说、读、写等方面得到全面发展。这有助于提高英语教学的深度和广度，使学生更全面地掌握语言知识和技能。

3. 促进个体的差异化发展

多元智能理论强调个体在不同智能领域的独特性，有助于教师更好地理解和尊重学生的个体差异。通过个性化的教学方法，教师可以更好地满足学生在英语学习中的差异化需求，促进每个学生在多元智能领域的发展。

4. 培养综合能力

英语学习涉及语言、交际等多个智能领域，在英语教学中应用多元智能理论能够促进学生在不同领域的综合发展，使学生在英语学习中既能够提高语法和词汇的运用能力，又能够培养创造性思维、团队协作等多元智能。

5. 培养实际应用能力

多元智能理论强调学习的实践性和应用性，在英语教学中，通过教师设计的项目式学习活动和实际任务，学生能够在真实情境中运用所学英语知识，培养实际应用能力。这有助于提高学生在实际生活和职业场景中的英语运用能力。

第三节　交际语言教学法

一、交际语言教学法概述

随着语言学专业研究的不断深入和教育理念的演变，交际语言教学法逐渐崭露头角。交际语言教学法强调语言的真实应用和学生沟通能力的培养，与传统的语法翻译法等教学方法有着明显的区别。

（一）交际语言教学法的核心理念

1. 意义导向

交际语言教学法的核心理念之一是"意义导向"。这意味着语言教学的重点应当放在意义的传递和理解上，而非孤立的语法和词汇知识的传授上。该理论强调，学习者通过参与真实的交际活动，获得语言使用的实际经验，从而更好地理解和运用语言。

2. 以沟通为中心

沟通是交际语言教学法的中心，交际语言教学法强调语言的目的是交流和交际。学生在教学中被鼓励使用语言进行真实的交际，通过与他人互动来培养更高水平的语言能力。教师的任务是引导学生使用语言，而非简单地传授语法规则。

3. 以学生为中心

交际语言教学法强调学习者的积极参与和主动性。教师在教学过程应当尊重学生的个体差异，关注他们的需求和兴趣，通过个性化的教学设计激发他们的学习热情，促使他们更积极地参与语言学习。

（二）交际语言教学法的主要目标

1. 培养交际能力

交际语言教学法的首要目标是培养学生的交际能力，主要包括听、说、读、写四个方面，强调让学生在真实情境中有效地运用语言进行交际。交际语言教学法更注重实际语境中的语言运用，而非仅仅掌握语法和词汇。

2. 提高语用能力

除了基本的语法和词汇知识，交际语言教学法还注重培养学生的语用能力。学生需要理解语言在不同语境中的使用方式，包括语气、语调、语言风格等方面的差异，这有助于学生更好地理解和运用语言。

3. 增强文化意识

交际语言教学法关注学生对语言所属文化的认识和理解。学生在语言学习过程中不仅是在获取一种工具，更是在接触和理解一种文化。因此，交际语言教学法的教学目标还包括培养学生的跨文化交际能力和文化意识。

（三）交际语言教学法的教学观

交际语言教学法认为，语言包含两大部分，即"交际能力"和语言所处的"文化社会意涵"。其中，交际能力的概念最早是由美国社会语言学家海姆斯提出来的，可以概括为一个人对语言知识和能力的运用，主要包括以下四个方面：

1. 语法能力

语法能力是指语言符号本身的知识，包括词汇、构词规则、语音、句法等方面，主要涉及正确理解和表达话语的字面意义的知识。

2. 社会语言能力

社会语言能力是指在不同的社会语言环境中适当理解和表达话语的能力。语境因素主要有话题、交际双方的社会地位、交际目的。

3. 语篇能力

语篇能力是指把语法形式和意义融合在一起，用口头或书面的形式连贯地表达不同语篇的能力。简单来说，语篇能力就是组织语段的能力。

4. 策略能力

这里的策略是指为了提高交际效果或弥补由于缺乏交际能力等因素引起的交际中断所使用的策略。简单来说，策略能力就是在交际过程中的应变能力。

（四）常用的交际语言教学法

1. 任务型教学法

任务型教学法其实是对交际语言教学法的进一步发展。任务型教学法即教师设计各种任务，学生通过各种语言活动形式来完成任务，教师再通过任务的完成情况来督促学生在实际情境中进行语言的运用。这种方法强调学生的实际参与及合作。

2. 情境教学法

情境教学法是将语言教学与情境创设相结合，通过模拟真实生活中可能遇到的交际场景来开展教学活动的一种方法。学生通过在教师创设的情境中运用语言，更好地理解和掌握语言知识，最终达到学习和掌握语言的目的。

3. 合作学习

合作学习是交际语言教学法中非常重要的一种类型。学生通过小组合作，共同完成任务，进行实际的语言交流。这不仅有助于学生在语言上相互促进，还能够培养学生的团队合作意识和提高学生的沟通技能。

4. 角色扮演

角色扮演也是交际语言教学法中常使用的一种类型。通过角色扮演，学生被置于真实的情境中，模拟日常生活或特定场景，从而更加真实地应用语言。

5. 游戏和模拟

在教学中引入游戏和模拟活动也是一种常用的交际语言教学法。通过游戏和模拟活动，学生可以在轻松的氛围中进行语言交流，提高英语学习的趣味性和参与性。

（五）交际语言教学法的评估方式

1. 交际能力评估

交际语言教学法注重评估学生的交际能力，即学生在交际中所用语法和词汇的准确性，以及他们在真实情境中的语言运用能力。评估方式包括口语交际任务的表现、书面交际任务的完成情况等。

2. 任务完成情况评估

学生通过完成各种任务来展示其语言运用能力，教师通过对学生的任务完成情况的评估来了解学生的实际交际水平。这种评估方式更注重学生的任务完成过程和实际表现。

3. 项目评估

项目评估是一种综合性的评估方式，通常需要学生在一定时间内完成一个项目，该项目涉及不同语言技能的综合运用。通过项目评估，教师能够全面了解学生在实际语境中的语言运用能力。

二、交际语言教学法的具体实践

交际语言教学法是一种以培养学习者的语言实际运用能力为核心的教学方法。在我国，随着英语教学改革的深入推进，该教学法也逐渐成为英语教学的主流模式。任务型教学法是由交际语言教学法发展起来的，是广为应用语言学家和外语教学实践者认可和接受的一种外语教学方法。本部分将以任务型教学法为例，详细论述交际语言教学法在大学英语教学中的具体运用策略。

（一）任务型教学法的理论来源

任务型教学法是一种强调学生通过实际任务来学习语言的教学方法。与传统的以传授语法和词汇为中心的教学方法不同，任务型教学法致力于使学习者在真实的交际环境中获得语言技能。作为一种语言教学方法，任务型教学法的理论来源涵盖了多个领域，如语言习得理论、认知心理学等。

1. 语言习得理论

（1）习得假设

任务型教学法的理论来源之一是习得假设，即通过学习任务促使学习者进行语言习得。这一理论认为语言的习得是一种自然的、无意识的过程，而不是被动地接受语法规则和词汇的过程。任务型教学法试图模拟学习者在真实语境中应用语言的场景，让语言学习更贴近实际，促使学习者更自然地习得语言。

（2）输出假设

任务型教学法还受到输出假设的影响，该假设强调通过输出语言来促进语言习得。输出假设认为，通过积极参与语言输出，学习者能够更深入地理解和掌握语言结构，提高语言运用能力。在任务型教学中，学生为了完成教师布置的任务，需要进行口头或书面表达，这有助于学生巩固语言知识，促进语言的内化。

2. 认知心理学

（1）基于任务的语言学习

受认知心理学的启发，基于任务的语言学习强调学习者在完成任务时通过认知过程习得语言。任务被认为是促使学习者认知发展的媒介，通过完成任务，学习者能够在真实的语言使用过程中提高对语法、词汇等语言元素的认知水平。

（2）情境化学习理论

任务型教学法倡导情境化学习，这与认知心理学中的情境化学习理论相符。情境化学习理论认为，学习应该发生在真实、有意义的情境中，学习者通过在特定情境中使用语言来获取语言能力。在任务型教学中，任务被设计为具有实际情境的活动，学习者通过在这些情境中完成任务，来提高他们的语言运用能力。

（二）任务型教学法的设计原则

1. 以学生为中心

任务型教学法强调学习者的主体地位，注重培养学习者的自主学习能力。因此，教师在设计任务时，要考虑到学生的兴趣、实际需求和水平差异，确保任务能够激发学生的学习动力，使学生在任务中能够充分发挥其主动性。

2. 真实性和实用性

任务型教学法要求任务具有真实性和实用性，使学习者在任务中能够体验到真实语境下的语言运用。教师设计的任务应当与学生的日常生活、职业发展等方面紧密相关，确保学生所学内容能够在实际情境中得到运用。

3. 语言综合运用

任务型教学法倡导综合运用语言技能，包括听、说、读、写多个方面。因此，教师设计的任务应该涵盖对不同语言技能的综合训练，使学生能够全面发展，具备在各种语言情境中进行有效交流的能力。

4. 渐进性和挑战性

教师设计的任务应具有渐进性，从简单到复杂，从容易到困难，逐步引导学生提升语言水平。同时，任务也要有一定的挑战性，能够激发学生的学习兴趣，促使他们在挑战中不断成长。

5.反馈和评估

任务型教学法注重学习过程中的反馈和评估。教师在任务进行过程中应及时给予学生具体的反馈，帮助学生发现问题、纠正错误，促使学生进步。评估要突出学生完成任务的实际表现，而非仅仅关注其书面考试成绩。

（三）任务型教学法在实际课堂中的实施步骤

1.确定教学目标

在设计任务前，教师需要明确教学目标。教学目标应该明确具体，能够指导任务的设计和实施。教师制订教学目标时应考虑到学生的实际需求，以及任务的真实性和实用性。

2.选择合适的任务

在任务型教学中，教师可以选择多种任务类型，如信息搜集、角色扮演、小组合作等。教师应根据教学目标和学生特点，选择合适的任务。在选择任务的过程中，教师要考虑到任务的复杂程度和学生的实际水平，以确保任务有挑战性，同时学生又能够完成任务。

3.确定任务流程

设计任务的具体流程是实施任务型教学的关键步骤。教师需要明确任务的步骤和要求，确保学生按照既定流程完成任务。同时，任务流程的设计要灵活，能够适应学生的实际情况。

4.提供必要的支持

为了确保任务的顺利进行，教师需要提供必要的支持，包括语言材料、参考资料、技术设备等。教师提供的支持要与任务的要求相匹配，能够帮助学生更好地完成任务。

5. 引导和监控学生活动

在任务进行的过程中，教师扮演着引导和监控学生的活动的角色。教师可以通过提问、讨论、反馈等方式引导学生思考和交流。同时，教师要及时监控学生的学习进展，确保任务在规定时间内完成。

6. 进行任务总结和反思

任务完成后，进行任务总结和反思是必不可少的步骤。教师可以与学生一起讨论任务的过程和成果，引导他们进行自我评价。同时，教师要总结教学经验，为今后设计教学任务提供参考。

（四）任务型教学法的实际效果

近年来，任务型教学法在实际课堂中的应用已经取得了比较显著的效果，具体可以总结为以下几个方面：

1. 激发学生的学习兴趣

由于任务型教学法强调学生的主体地位，注重学习活动的真实性和实用性，所以能够更好地激发学生的学习兴趣。学生通过参与具体任务，可以体验到语言在实际生活中的应用，从而更加积极主动地参与学习。

2. 培养学生的语言实际运用能力

任务型教学法注重语言技能的综合运用，学生在任务中不仅是接触知识，更是运用知识解决实际问题。通过教师设计的任务，学生可以在实际情境中进行语言交流，培养听、说、读、写等方面的语言技能，提高实际语言运用能力。

3. 提高学生的学习动力和自主学习能力

任务型教学法强调学生的主动参与和自主学习，能够使学生在解决实际问题的过程中感受到学习的价值。这种学习方式能够增强学生的学习动力，激发他们对学科知识的兴趣，培养他们的自主学习能力。

4. 促进学生之间的合作与沟通

任务型教学法常常涉及小组合作、角色扮演等教学形式，使学生可以在团队中共同完成任务，有助于培养学生的合作意识和团队精神，提高学生的沟通能力。在实际任务中，学生需要相互交流、协商，从而建立良好的人际关系和掌握有效的沟通技巧。

5. 提高语言学习的实践性和应用性

任务型教学法将语言学习与实际应用紧密结合，使学生能够在实际生活和职业场景中更好地运用所学语言。这不仅有助于学生更好地适应多元文化环境，还有助于提高语言学习的实践性和应用性。

6. 促使教学内容与学生生活融为一体

任务型教法学使教学内容更贴近学生的实际生活，学生可以通过解决实际问题来学习语言。这种将教学内容与学生生活融为一体的教学方式更容易引起学生的共鸣，使学生更愿意投入学习，同时也提高了教学内容的实际意义。

（五）在实际教学中应用任务型教学法的难点

1. 教学任务的难度掌握

教师在设计任务时，需要准确把握学生的学习水平和教学任务的难度，确保任务既具有挑战性又不至于过于困难。这就需要教师在设计任务时灵活选择，根据学生的反馈和表现对任务的类型和难度进行调整。

2.学生学习动力的维持

虽然任务型教学法强调学生的主动参与，但在实际应用中，一些学生可能会面临学习动力下降的情况。这时，教师需要通过及时的激励、奖励机制，以及关注学生个体差异等方式来维持学生的学习动力。

3.任务型教学法与考试需求的平衡

在实际的教学工作中，任务型教学法与考试需求之间可能存在一定的冲突。教师需要在任务型教学法和考试需求之间找到平衡点，使学生既能够在考试中取得好成绩，又能够提高实际语言运用能力。

4.对教师专业知识和能力的要求

任务型教学法要求教师具备较强的教学设计和组织能力，以及对语言学习进行深刻理解。因此，教师需要不断提升自己的专业知识和教学能力，以更好地引导学生完成学习任务。

在实际课堂中应用任务型教学法，可以激发学生的学习兴趣、培养学生的实际语言运用能力、促进学生之间的合作与沟通。在大学英语教学实践中，教师应当充分了解学生的需求和水平，灵活设计任务，引导学生积极参与，不断提高学生的语言技能。同时，任务型教学法也需要与现有的教育体系相衔接，因此教师需要找到任务型教学法与考试需求之间的平衡点。今后，任务型教学法将继续在语言教育领域中发挥重要作用，为学生提供更为实际、灵活、有趣的语言学习体验。

三、交际语言教学法面临的挑战与发展趋势

（一）面临的挑战

1.教师角色的转变

在传统教学中，教师通常扮演着知识传授者的角色，而在交际语言教学实践中，教师更多地扮演着引导者和促进者的角色，因此教师需要具备更多的指导和激励学生参与学习的技能。

2.学生积极性的挑战

交际语言教学法注重学生的主动参与及合作，但由于学生存在个体差异，教师在调动学生的学习兴趣和主动性方面面临挑战。因此，教师需要采取有效措施，激发学生的参与热情，提高其学习自主性，以确保教学活动的顺利进行。

3.评估难度

传统的评估方式难以全面准确地评价学生的交际能力，因此教师需要开发更加科学有效的评估工具和方法。这也是教师运用交际语言教学法面临的挑战之一。

（二）发展趋势

1.技术的应用

随着信息技术的不断发展，教师可以将多媒体、在线资源和语言学习软件等融入交际语言教学法，以丰富教学内容，提升教学效果。

2.个性化学习

交际语言教学法为学生的个性化英语学习提供了更多的可能性，教师可以更好地根据学生的兴趣、水平和需求设计个性化的教学方案。

3.跨文化交际的发展

未来，教师在运用交际语言教学法进行大学英语教学时，将更加注重培养学生的跨文化交际能力，使学生能够在不同文化背景下更加灵活地运用英语这门语言。

综上所述，交际语言教学法强调语言教学应以实际交际为目标，通过任务型教学法、情境教学法等方法培养学生的交际能力，注重学生的实际参与，也侧重对学生的交际能力和任务完成情况的评估。这一教学法在实际教学中既面临一些挑战，也展示出良好的发展前景。

理解交际语言教学法的核心理念，不仅有助于教师深化对语言教学目标的认识，还能为其提供更多灵活、实用的教学方法。在大学英语教学实践中，教师可以结合学科特点、学生差异和教学环境，合理运用交际语言教学法，以达到更好的教学效果。

综合而言，交际语言教学法的应用在语言教学领域产生了深远的影响。它不仅改变了传统教学方法的走向，还提出了一种更符合实际语言运用需求的教学理念。随着时代的发展，交际语言教学法将继续为语言教育的创新和语言教育质量的提高做出重要贡献。

第三章　大学英语教学改革的关键要素

第一节　教材选择与设计

一、选用现代化与多样化的大学英语教材

随着社会的发展和科技的进步，大学英语教学模式也在不断演变，教师和学生对教材的要求也越来越高。在这样的背景下，现代化与多样化的大学英语教材应运而生。它们不仅反映了语言学习的最新理论和方法，更满足了学生的差异化学习需求。

（一）现代化与多样化大学英语教材的定义与特征

1. 现代化与多样化英语教材的定义

现代化的大学英语教材是指在内容、形式、教学理念上融入最新科技、社会文化等元素，以更好地适应当代大学生的英语学习需求的教材。这类教材注重引入现代语言学、认知心理学等理论，强调学生的实际语言运用能力。

多样化的大学英语教材强调教材在内容和形式上的多元选择，包括对文本、音频、视频、互动软件等多种教学资源的利用，以适应学生的多样

性学习风格和学习兴趣，使学生能够在不同环境中利用不同资源进行学习。

2. 现代化与多样化大学英语教材的特征

一是实用性强。现代化与多样化的大学英语教材关注与实际生活和工作相关的语言技能，注重培养学生的实际语言运用能力。

二是个性化。现代化与多样化的大学英语教材允许学生根据自身兴趣和学习风格选择学习内容和学习方式，能够更好地满足个体的差异化学习需求。

三是多媒体融合。现代化与多样化的大学英语教材运用了多种多媒体资源，如音频、视频、互动软件等，提供了更丰富的学习体验，能够更好地激发学生学习英语的兴趣。

四是与时俱进。现代化与多样化的大学英语教材反映了最新的语言学研究成果、社会文化变迁等信息，保证了教材的时效性和现代性。

（二）现代化与多样化大学英语教材的作用

1. 激发学生的学习兴趣

学生更愿意投入时间和精力去学习有趣、实用的学习材料，现代化与多样化的大学英语教材通过引入丰富多彩的教学内容和多媒体资源，可以进一步激发学生学习英语的兴趣，从而提高学生学习英语的积极性。

2. 提高语言运用能力

现代化与多样化的大学英语教材引入了实用性强、与生活紧密相关的内容，有助于学生更好地理解和运用英语这门语言。通过在真实语境中的学习，学生能够更轻松地应对实际交际中的语言需求。

3. 提升综合运用语言的技能

现代化与多样化的大学英语教材通常可以提供涉及听、说、读、写等多方面语言技能的训练，使学生在处理各种不同形式的信息时，能够提升综合运用语言的技能。

4. 满足个性化学习需求

现代化与多样化的大学英语教材为学生提供了更多选择，使学生能够根据自身兴趣、学习风格和水平进行个性化学习。同时，教师也可以根据学生的个性化学习需求开展教学工作，有助于更好地满足学生的差异性需求，促进学生学科素养的全面发展。

5. 培养跨文化意识

现代化与多样化的大学英语教材通常包含丰富的文化元素，有助于培养学生的跨文化意识。通过接触不同文化的语言材料，学生能够更深入地理解语言与文化的紧密联系。

（三）有效使用现代化与多样化大学英语教材的策略

第一，注重教师的专业发展。教师应不断提升自己的教学水平，通过参加培训、研讨会等活动，了解最新的语言学研究成果和教育技术的应用情况，提高使用现代化与多样化大学英语教材的能力。

第二，根据学生水平选择教材。教师需要根据学生的英语水平和学习需求，选择难度和内容适宜的教材。差异化的教材选择有助于满足不同学生的学习需求，使每位学生都能够使用适合自己的教材学习。

第三，充分利用多媒体资源。教师可以充分利用多媒体资源，如音频、视频、互动软件等，为学生提供更加生动、直观的学习体验，这有助于激发学生的学习兴趣，提高他们的学习效果。教师可以合理利用社交媒体和在线资源，将实际的社会交流案例、情景融入英语教学，这有助于学生在真实语境中学习英语，提高他们的跨文化交际能力。

第四，设计项目式学习任务。设计项目式学习任务是一种有效的教学策略，有助于教师将现代化与多样化的大学英语教材融入实际项目。这样的任务可以涵盖多种语言技能，同时培养学生解决问题、合作与沟通的能力。

第五，引导学生自主学习。教师可以鼓励学生在学习过程中积极参与、主动探索，并提供必要的支持和指导。通过引导学生自主学习，使学生能够更好地适应现代教育理念，培养独立思考和自主学习的能力。

第六，定期评估与调整。教师应定期评估学生对教材内容的理解和掌握程度，及时调整教学策略和教材选用原则。通过持续的评估，教师可以更好地满足学生的学习需求，提高教学效果。

（四）选用现代化与多样化大学英语教材面临的困难与对策

1. 面临的困难

第一，技术设备不足。部分学校可能面临技术设备不足的问题，难以充分利用教材中的多媒体资源。

第二，学生学习动力不足。部分学生可能更习惯于传统的英语学习方式，而对于现代化与多样化的教材和相应的英语学习方法缺乏兴趣，这给教师使用现代化与多样化教材造成了困难。

第三，教师专业发展程度不足。一些教师可能因为专业发展程度不足，不熟悉最新的语言学研究成果和教育技术的应用方式。

第四，教材选择困难。由于大学英语教材种类繁多，如何从中选择适宜的现代化与多样化的教材对教师来说可能存在困难。

2. 应对策略

一是争取更多的技术设备投入，同时寻找、开发适用于低技术要求的教材和教学活动；二是在教学中注重培养学生的学科兴趣，提供更具吸引力的英语学习内容；三是提供定期的专业培训和学术交流机会，帮助教师不断提升自己的教学水平；四是建立教师资源共享平台，促进教师之间的经验交流，帮助他们更好地选择和使用教材。

现代化与多样化的大学英语教材在大学英语教学中发挥着重要作用。它们通过激发学生的学习兴趣，为学生提供更为丰富、灵活的学习体验，提高学生的语言运用能力。教师在选用这类教材时，应注重不断提升自己的专业水平，灵活运用多媒体资源，设计符合学生水平和需求的项目式学习任务，引导学生进行自主学习。在学校与教师的共同努力下，更多的现代化与多样化的大学英语教材将被设计、编写出来，并更好地推动大学英语教学向着更为有效的方向发展。

二、在大学英语教材中融入任务型教学法

任务型教学法是一种强调学生通过完成实际任务来获取语言知识和技能的教学方法。在大学英语教学中，任务型教学法已经逐渐受到重视，因

为它能够更好地激发学生对英语学习的兴趣，培养和提高学生的实际语言运用能力。

（一）任务型教学法对学生英语学习的影响

1. 激发学习兴趣

任务型教学法通过设定有趣、贴近实际生活的任务，激发学生学习英语的兴趣。学生更容易在具体任务中找到学习的目标和动机。

2. 提高实际语言运用能力

任务型教学法注重学生在实际情境中运用语言，因此学生通过完成任务，能够更自然、更灵活地运用所学的语言知识。这有助于提高学生在真实交际中的语言运用能力。

3. 培养交际能力

任务型教学法强调学生之间的合作与交流。在完成任务的过程中，学生需要共同合作、讨论、解决问题，从而更好地适应实际生活中的交际环境，不断培养和提高交际能力。

4. 增强自主学习能力

任务型教学法强调学生的主动参与和自主学习，培养学生的自主学习能力。在任务型教学中，学生需要自主选择学习策略、合作方式，从而提高学生在英语学习中的独立性，增强其自主学习能力。

5. 拓展语言知识视野

任务型教学法通常涉及多种真实语境，学生在完成任务的过程中会接触到更广泛、更真实的语言材料，从而拓展他们的语言知识视野。

（二）在大学英语教材中融入任务型教学法的途径

1. 创设真实情境

在大学英语教材中，可以通过创设真实情境来引入任务。例如，设计一个购物对话的任务，让学生在购物场景中进行交流，提高他们在实际情境中使用英语的能力。

2. 注重交际合作

任务型教学法强调学生之间的合作与交流，因此在教材中应注重引入有利于学生互动的任务，如小组项目、合作讨论等，促进学生之间的语言交际。

3. 明确任务目标

教材中的任务应该有明确的目标，让学生清楚他们需要完成什么任务、达到什么效果。这有助于激发学生的学习动机，使他们更专注地完成任务。

4. 灵活运用语言技能

任务型教学法要求学生综合运用听、说、读、写等语言技能，因此在教材中应该灵活运用各种语言技能训练活动，使学生更全面地发展语言能力。

5. 引入真实语境文本

在教材中可以引入有关真实语境的文本，如新闻报道、广告等，让学生在真实的语境中获取语言知识，提高他们的语言运用能力。

（三）在大学英语教材中融入任务型教学法的难点与对策

1. 较难把握任务难度

在大学英语教材中融入任务型教学法时，任务的难度把握是一个挑战。过于简单的任务可能难以激发学生的学习兴趣，而过于复杂的任务可能让学生产生挫败感。因此，在大学英语教材中设计任务时，应该设计分层任务，让教师在教学中根据学生的水平和需求选择合适的任务。

2. 时间管理困难

任务型教学法可能需要较长的时间，导致其难以嵌入传统的教学框架。因此，在大学英语教材中融入任务型教学法，要合理规划教学时间和学习进度，将任务拆分成多个阶段，由教师引导学生逐步完成。

任务型教学法作为一种注重实际任务完成和交际能力培养的教学方法，对大学英语教学的改革产生了积极的影响。在大学英语教材中融入任务型教学法，有助于激发学生的学习兴趣，提高他们的实际语言运用能力，并培养他们的交际能力和自主学习能力。同时，教材设计者在设计教材时，需要注意任务的难度把握和时间管理问题。任务型教学法的不断深化与完善将有助于推动大学英语教育向更加实际、灵活和符合学生需求的方向发展。

三、大学英语教材评估与更新的策略

教材是课程资源的核心部分，是教学活动的媒介和载体，也是教师开展教学活动的主要依据，对学生的学习成果和教师的教学效果有着重要的影响。然而，由于社会、科技、文化等方面的不断发展变化，教育领域也需要不断进行改革，以适应新的需求和趋势。因此，大学英语教材的评估与更新变得至关重要。

（一）教材评估的重要性

教材评估是对教材的质量、适用性和效果进行全面的审查和评价的过程。它不仅关注教材的内容，还关注教学方法、结构设计、学科覆盖等多个方面。评估的目的是确保教材符合教育目标，满足学生的需求，并促进有效教学。

教材评估的重要性主要包括以下四个方面：

一是保证教学质量。通过对教材的评估，可以及时发现教学资源存在的不足和问题，有针对性地进行改进，从而提高教学质量。

二是适应时代变化。社会、科技和文化的变革不断推动教育领域的发展，教材评估可以确保教材的内容与时俱进，适应时代的需求。

三是满足学生的多样化需求。学生的学习需求各异，教材评估有助于教师了解学生的反馈和需求，调整教材的内容和形式，更好地满足学生多样化的学习需求。

四是促进教师的专业发展。教材评估是教师专业发展的一部分，通过评估，教师可以了解教学过程中的优势与不足，从而学习相应的知识和技能，提高教学水平。

（二）教材评估的方法与指标

1. 评估方法

（1）定性评估方法

一是专家评审，即邀请教育专家对教材进行评审，从专业的角度评价教材的内容、结构和教学设计。

二是教师反馈，即收集教师对教材的反馈意见，了解教材在实际教学中的使用效果和存在的问题。

（2）定量评估方法

一是学生反馈调查，即通过设计问卷、面试等形式，收集学生对教材的使用体验、难易程度、兴趣程度等方面的反馈信息。

二是学业成绩，即观察学生在使用教材后的学科成绩表现，分析学生是否有明显的提升或退步。

2. 评估指标

（1）内容合理性

教材的内容是否准确、全面、具有针对性，是否符合教育标准和课程要求。

（2）教学方法

教材是否采用了多样化的教学方法，是否符合学生的学习习惯和兴趣。

（3）文化多样性

教材是否体现了文化多样性，是否涵盖了多元文化的内容，是否能满足学生的跨文化需求。

（4）生活化

教材是否能够与学生的生活经验相联系，是否能够使英语学习更有实际意义。

（5）反馈机制

教材是否设置了有效的反馈机制，包括习题答案、教师指导和学生自主学习反馈等。

（三）教材更新的具体策略

第一，定期制订更新计划。制订明确的教材更新计划，包括更新的时间、内容和方法。定期的更新计划可以确保教材及时更新，跟上教育领域的发展步伐。

第二，建立教材评估与研发团队。建立专门的教材评估与研发团队，由教育专家、教师和学生共同参与。这个团队负责定期对教材进行评估，提出改进建议，并负责新教材的研发。

第三，引入新的教学理念和方法。及时引入新的教学理念和方法，如项目式学习、合作学习等；结合最新的教育研究成果，更新教材的内容，使其更符合当代学生的学习需求。

第四，整合数字化技术。利用数字化技术，将教材中的部分内容转化为多媒体学习资源，包括在线课程、互动模块、虚拟实验等。这样的更新可以增加教材的互动性和趣味性，使教材更好地满足数字时代学生的学习需求。

第五，响应学科发展。针对学科发展的最新趋势，更新教材内容，及时更新相关研究成果、理论和实践，确保教材内容不仅丰富而且与学科的最新发展情况保持一致。

第六，持续进行用户反馈。建立持续的用户反馈机制，包括学生反馈机制、教师反馈机制和家长反馈机制。通过定期的问卷调查、座谈会等形式，了解教材的实际使用效果，及时调整和更新教材内容。

第七，开发在线社群和资源库。创建在线社群和资源库，鼓励教师和学生分享优秀的教学实践经验、补充材料等。这样的平台可以促使教材不断完善和更新，同时增加师生互动的机会。

第八，加强国际合作与交流。借鉴国际先进的教育理念和实践经验，加强国际合作与交流。引入国外优质教材或与国外教育机构共同研发教材，有助于提高教材的国际化水平。

第九，提高教师的专业素养。教师的专业素养会直接影响教材的实际使用效果，而通过定期的培训，可以提高教师使用新教材的能力，使其能够更好地理解和使用教材。

（四）教材更新面临的困难与解决策略

1. 教材更新面临的困难

一是时间与成本压力。教材更新需要花费大量的时间和资源，因此可能会受到时间和经费的限制。

二是师资队伍方面的困难。部分教师可能对新教材的教育理念和使用方法不够熟悉，从而影响教材的有效使用。

三是学科领域发展趋势的不确定性。某些学科领域的发展趋势可能不断变化，因此在教材更新过程中，必须充分考虑这种不确定性，以确保教材内容能够与时俱进，反映学科发展的最新成果和趋势。

四是教育政策的影响。教育政策的变化可能会给教材更新带来一定影响。

2. 解决策略

一是合理安排更新计划，争取更多的时间与资源支持。

二是提供相关培训和支持，提高教师的专业水平。

三是建立灵活的更新机制，通过快速调整更新机制来应对学科发展的新变化。

四是密切关注政策动向，及时做出相应调整。

教材评估与更新是教育领域发展中不可或缺的环节，对于保证大学英语教学质量、适应时代发展和满足学生的多样化需求具有重要意义。有效的教材评估应该采用多种方法和指标，涉及内容、方法、文化多样性等方面。在教材更新方面，有关部门要建立明确的更新计划，借助专业团队，以及数字化技术、用户反馈等手段，不断提高教材的质量和适应性。面对挑战，有关部门需要采取切实可行的策略，如加强师资培训、国际交流合作，建立灵活的更新机制，为学生提供更优质、更符合需求的大学英语教材。

第二节　教学方法与技术创新

一、活动教学法与合作学习

活动教学法和合作学习作为现代教学中备受关注的两种教学策略，都强调学生的主动参与及合作互动，对于培养学生的实际能力、团队合作精神和创造性思维具有积极作用。在大学英语教学实践中，教师可以根据英语学科的特点和学生的学习需求，巧妙地将活动教学法与合作学习融入教学设计。同时，教师在实施英语教学的过程中需要灵活运用不同的教学策略，充分考虑学生的个体差异，引导学生在学习中发挥自己的主动性和创造性。通过综合运用这两种教学策略，可以更好地促进学生的全面发展，使他们具备适应未来社会的综合能力。

（一）活动教学法的概念与特点

1. 活动教学法的概念

活动教学法是一种强调学生参与实践活动的教学方法，一般是指教师根据教学要求和学生获取知识的过程为学生提供适当的教学情境，根据学生身心发展的程度和特点，让学生凭自己的能力参与阅读、讨论、游戏、学具操作等学习知识的课堂教学方法或过程。在活动教学法中，学生通过参加各种活动，如小组讨论、实验、角色扮演等，积极参与到学习过程中，从而更好地理解和掌握英语知识。

2. 活动教学法的特点

一是学生主动参与。活动教学法注重学生的主动参与，强调通过实际操作和亲身体验来促进学习。

二是情境化教学。活动教学法常以特定的情境为背景，将知识融入实际问题和生活场景，使学习更加具体和有趣。

三是多样性的教学活动。活动教学法主张采用多种多样的教学活动，以满足不同学生的学习风格和需求。

四是培养实践能力。活动教学法旨在培养学生的实践能力，使学生能够将学到的知识应用于实际生活之中。

（二）合作学习的概念与特点

1. 合作学习的概念

合作学习是指学生为了完成共同的任务，有明确的责任分工的互助性学习。学生通过与同伴合作完成任务，共享想法和资源，达到共同学习的目标。合作学习鼓励学生为集体的利益和个人的利益一起努力，在完成共同任务的过程中实现自己的理想。

2. 合作学习的特点

一是强调团队合作。合作学习强调学生之间的团队合作，提倡通过共同努力完成任务，实现知识的共建。

二是互助学习。合作学习强调学生之间应相互协助、分享知识，形成积极的学习氛围，实现共同成长。

三是促进交流与沟通。合作学习鼓励学生开展交流与沟通，通过讨论、解释和表达等方式来加深学生对知识的理解。

四是培养团队意识。合作学习有助于培养学生的团队意识，使他们更好地适应社会中的协作环境。

（三）活动教学法与合作学习的应用形式

1. 活动教学法的应用形式

（1）案例分析

利用案例分析活动，让学生通过分析实际情况来解决实际问题，培养他们的分析和解决问题的能力。

（2）实验与观察

开展实验活动或观察活动，让学生亲身体验和探究，提高他们的实际操作技能和科学思维能力。

（3）小组讨论

举行小组讨论活动，让学生在小组中分享观点、交流想法，培养他们的合作意识和表达能力。

2. 合作学习的应用形式

（1）小组项目

设计小组项目，要求学生在小组中进行合作，完成一项任务或项目，促进学生协作能力和领导能力的提升。

（2）互助学习

鼓励学生进行互助学习，要求学生通过相互讲解、分享笔记等方式，帮助同伴理解和掌握知识。

（3）角色扮演

开展角色扮演活动，让学生在特定情境中扮演不同的角色，培养他们的沟通与表达能力。

（四）活动教学法与合作学习的优势与实施难点

1. 优势

一是有利于促进深层次学习。活动教学法与合作学习都能促进学生的深层次学习，通过实际操作和合作讨论，学生能更好地理解和应用知识。

二是有利于培养综合能力。这两种教学策略都注重培养学生的综合能力，包括实际操作能力、沟通能力、团队协作能力等。

三是有利于激发学习兴趣。活动教学法和合作学习可以通过提高学生的参与度，激发学生的学习兴趣，使学生对英语学习更加积极主动。

2. 实施难点

第一，管理困难。活动教学法和合作学习在组织上和管理上都可能面临一定的挑战。例如，活动教学法在实施过程中，可能会面临活动设计不合理、资源分配不均等难题；合作学习在实施过程中，可能会面临小组成员之间沟通不畅、分工不明确等困难，从而导致教学效果不尽如人意。因此，教师需要具备更高水平、更灵活的组织和管理能力，才能够有效引导学生在学习中达到预期的学习目标。

第二，资源投入问题。实施活动教学法和合作学习可能需要更多的资源，包括时间、空间和教学工具，这对一些学校来说可能是一种挑战。

第三，个体差异较大。学生的个体差异较大，有些学生可能更适合独立学习，而有些学生可能在团队中的学习效果更佳。如何有效地应对这种差异，是教师需要考虑的重要问题。

二、科技辅助教学工具及其应用

（一）科技辅助教学的概念

科技辅助教学是指在教学过程中，利用各种科技手段和工具，包括计算机、互联网、智能设备等，为学生提供更加灵活、多样化的教学方式，同时结合先进的教育理论，创造更具交互性和个性化的学习环境，以促进学生更有效地获取知识和发展能力的教学方法。

（二）常见的科技辅助教学工具

1. 互联网资源

互联网为大学英语教学提供了丰富的资源，包括在线课程、数字图书馆、教学视频等。教师可以借助互联网资源，拓展课程内容，使学生获取更多的英语知识。

2. 电子白板

电子白板是一种交互性的教学工具，可以通过触摸或数字笔与计算机连接，实现实时书写、标注、演示等功能。它提供了一种更加直观、生动的教学方式，能够吸引学生的注意力。

3. 计算机软件

各种教育软件，包括交互式课件、模拟实验软件、编程工具等，也可以用于辅助教学。这些软件可以通过"视觉＋操作"的方式，增强学生对抽象概念的理解。

4. 在线教育平台

目前，有许多适用于大学英语教学的在线教育平台，如 Coursera、edX、MOOC 等，可以提供丰富的学习资源和课程。学生可以在任何时间、任何地点通过这些平台获取知识。

5. 虚拟现实（VR）与增强现实（AR）

虚拟现实和增强现实是两种实用的计算机技术，它们可以为学生提供更为沉浸式的学习体验。在英语教学中，教师可以利用虚拟现实与增强现实两种技术，将学生带入模拟的英语学习环境中，让学生与自己喜欢的国外明星等人物在不同的场景下进行面对面的交流和探讨，更直观地感受学科内容。

6. 教学管理系统

教学管理系统是一种用于管理教学活动的信息平台，它包括学生管理、课程管理、在线测验等功能，其使用提高了学校教学工作的组织性和管理效率。

7. 智能语音助手

智能语音助手是一款生活实用类软件，可以通过语音识别技术、智能对话与即时问答的智能交互，帮助用户解决问题。在大学英语教学中，智能语音助手可以用于发音教学、听力训练等，为学生提供更加个性化、自主化的学习支持。

（三）大学英语教学中应用科技辅助教学工具的优势

第一，满足学生的个性化学习需求。利用科技辅助教学工具，教师可以更好地满足学生的个性化学习需求。同时，智能化的学习系统可以根据学生的学习进度和水平，为其提供个性化的学习内容和任务。

第二，开展远程教学。在线课程、视频会议等科技辅助教学工具使远程教学成为可能。如今，远程教学已经成为一种重要的教学方式，并为学生提供了更多的学习机会。

第三，拓展学科内容。利用互联网资源和在线学习平台，教师可以拓展学习内容，引入更多的实例、案例和最新的研究成果。这有助于使英语学科的教学内容更为生动有趣，并与时俱进。

第四，提高英语实践能力。利用计算机软件、虚拟现实和增强现实等科技辅助教学工具，可以提高学生在实践方面的语言能力。虚拟情境和模拟操作都为学生提供了安全、高效的语言实践环境。

第五，促进合作学习。在线学习平台和协作工具有助于学生之间的合作学习。通过远程协作和在线讨论，学生可以分享观点、共同解决问题，促进团队合作精神的培养。

第六，提升学习反馈机制。科技辅助教学工具可以提供更为及时、精准的学习反馈。教学管理系统可以帮助教师追踪学生的学习进度；智能学习系统可以根据学生的表现为教师调整教学内容提供便利，从而更好地满足学生的学习需求。

第七，开展在线评估。利用在线测验、考试系统等工具，教师可以更方便地评估学生的学业水平。这样的在线评估方式不仅可以减轻教师的工作负担，也使得评估过程更为灵活高效。

三、融合式学习与跨平台教学

（一）融合式学习的概念与特点

1. 融合式学习的概念

融合式学习是指在教学中整合多种学习方式和资源，包括传统的面对面教学、新型的在线学习，以及实践活动等，为学生提供更加全面和综合的学习体验。融合式学习旨在充分发挥不同教学方式的优势，促使学生在多样化的环境中学到更多知识和技能。

2. 融合式学习的特点

一是整合多种教学方式。融合式学习将传统教学、在线学习、实践活动等不同教学方式融为一体，使学生能够在多种环境中学到知识。

二是个性化学习路径。通过融合不同的学习方式，学生可以根据自己的学习风格和需求选择个性化的学习路径，提高学习的灵活性。

三是利用技术工具。融合式学习借助各种技术工具，如在线平台、虚拟现实等，丰富学习资源，提供更丰富的学科内容。

四是强调实践与应用。融合式学习强调实践活动的重要性，鼓励学生将理论知识应用到实际情境中，培养学生解决实际问题的能力。

（二）跨平台教学的概念与特点

1.跨平台教学的概念

跨平台教学是指在教学过程中使用能够在不同设备和操作系统上运行的技术和工具，包括在多种设备上无缝切换学习内容，为学生提供更广泛、更灵活的学习体验，从而使学生能够随时随地获取学科知识。

2.跨平台教学的特点

一是多设备支持。跨平台教学能够在不同设备上实现，包括台式电脑、平板电脑、智能手机等，使英语学习更加灵活。

二是不同设备无缝切换。学生可以在不同设备上无缝切换学习内容，保持学习的连续性。

三是云端存储和同步。跨平台教学常利用云端存储技术，保证学生的学习进度、笔记等能够在不同设备上同步，为学生提供一致的学习体验。

四是适应不同操作系统。跨平台教学能够适应不同操作系统，如Windows、iOS、Android等，为学生提供更广泛的学习选择。

（三）融合式学习与跨平台教学的应用策略

1.融合式学习的应用策略

（1）设计混合课程式课程

教师可以结合面对面授课、在线教学和实践活动设计混合式课程，使学生在不同环境中学到更丰富的英语知识。

（2）利用在线学习平台

利用在线学习平台，教师可以上传教学资源、布置作业，建立学生之间、师生之间的互动和讨论机制，与学生进行在线互动，提高学生对英语学习的参与度。

（3）组织实践活动

融合式学习强调让学生参与实践活动，如实地考察、实验课等。因此，教师应将英语教学任务与实践活动相结合，让学生在参与实践活动的过程中完成学习任务，从而培养学生的英语实践能力。

2. 跨平台教学的应用策略

（1）设计多设备同步学习内容

教师应设计支持多设备同步学习的教学材料和内容，确保学生可以通过台式电脑、平板电脑或智能手机同步学习，使学生可以根据自己的需求选择最合适的设备，不受设备限制。

（2）利用云端存储功能

教师可以鼓励学生使用云端协作工具，支持学生共同编辑和交流，使学生可以利用云端笔记和存储功能，随时随地在不同设备上查看和编辑学习资料，方便学习过程中的信息管理。同时，利用云端存储功能可以保证学生学习资料的安全和同步。

（3）利用在线会议和协作工具

跨平台教学可以利用在线会议和协作工具，促进学生之间的互动与合作，增强学生的学习体验。对此，教师需要提供相关的技术培训和支持，帮助学生更好地利用不同设备进行学习，并协助学生解决学习过程中可能出现的技术问题。

第三节　评价体系与教学反馈

一、设计全面多元的评价体系

评价是教学活动中不可或缺的一环，旨在衡量学生的学业成就、发展水平及教师的教学质量。传统的评价体系主要以考试为主，难以全面反映学生的综合素质和教师的教学效果。为了更准确地评估学生的学习成果及教师教学的有效性，设计全面多元的评价体系就成为当今大学英语教学改革的一个重要议题。

（一）设计全面多元的评价体系的必要性

1. 反映学生的综合素质

学生的发展不仅体现在对学科知识的掌握上，还体现在创造力、沟通能力、批判性思维等多个方面。全面多元的评价体系能够更好地反映学生的综合素质，为学生个体发展提供更准确和更科学的指导。

2. 促进教学质量提升

仅仅依赖考试分数，教师是难以全面了解英语教学质量的，而全面多元的评价体系可以为教师提供多维度的反馈信息，帮助其优化英语教学策略，提高英语教学效果。

3. 培养学生的综合素质

现代社会对个体的要求不仅仅是具备专业知识，而更注重个体的综合素质。全面多元的评价体系有助于培养学生的创新能力、团队协作能力和跨学科思维，使其更好地适应未来社会的发展需求。

4.适应不同学习特点

学生的学习特点各异，有的学生可能在书本知识的学习中表现优异，如擅长背诵词汇，能够熟练掌握诸多语法规则等；而有的学生更擅长实际操作，如在口语表达方面表现出色。全面多元的评价体系可以更好地适应不同学习特点的学生的需求，指导教师因材施教，提高英语教学的针对性和有效性。

（二）构建全面多元的评价体系的原则

第一，多元性原则。评价体系应该包括学科知识、技能、情感态度等多个维度，以全面了解学生的发展情况。

第二，整合性原则。各类评价指标应该相互联系，形成一个全面而有机的评价体系，避免各项指标孤立存在，导致评价结果碎片化。

第三，可操作性原则。多元评价体系的建立应该具有可操作性，使教师能够根据评价结果进行有效的教学调整，使学生能够理解评价标准，从而激发其学习动力。

第四，公正性原则。评价体系应该具有公正性，确保对学生的评价是客观、公正、公平的，避免因侧重某一方面的评价而对整体评价造成负面影响。

（三）全面多元的评价方法

全面多元的评价方法是更加全面、客观、科学的评价方式，能够更好地满足当今社会的需求，促进学生的全面发展，为社会培养更多有才华、有创新精神的人才。全面多元的评价方法在学科知识、实际操作、社会情感及综合素质等层面有不同的体现。

1. 学科知识层面

（1）考试与测验

当前，传统的考试和测验仍然是评价学生学科知识掌握情况的重要手段，但教师可以通过设计更灵活、开放性的题型来考查学生的学习情况，促进学生的创造性思维的发展。

（2）项目作业

通过项目作业，学生能够综合运用所学知识，培养解决实际问题的能力。

（3）口头报告与情景表演

通过口头报告和情景表演，学生不仅能够展示自己对知识的理解，还能够培养沟通和表达能力。

2. 实际操作层面

英语是一门实践性很强的学科，模拟对话是评价教师教学效果和学生学习成果的不可或缺的一种手段，能够检验学生对英语知识和技能的掌握程度，直接考查学生在实际应用中的表现。

3. 社会情感层面

（1）团队合作评价

通过团队合作评价，教师可以评估学生在合作中的表现，培养学生的团队合作和领导能力。

（2）社会实践与志愿服务

通过参与英语社会实践和志愿服务活动，学生可以提高英语实际应用能力，还可以培养社会责任感和公民素养。

（3）情感态度评价

通过情感态度评价，教师可以了解学生的学习态度、对英语学科的兴趣等。

4. 综合素质层面

（1）学科交叉评价

在不同学科的教学中引入学科交叉评价，可以促进英语与其他学科之间的融合与交流。

（2）学业规划与发展

学生的学业规划和发展计划也应该成为评价的一部分，以帮助学生更好地规划自己的未来。

（四）全民多元评价体系的实施与管理策略

第一，明确评价标准。对于每一个评价层面，都需要明确具体的评价标准，确保评价体系的公正性和可操作性。

第二，培训评价者。评价者的水平会直接影响评价体系的有效性，因此需要对教师和其他评价者进行相关培训，提高其评价水平。

第三，建立反馈机制。设计评价体系不仅是为了获得评价结果，更是为了提供有效的反馈信息。学校应建立及时、具体的反馈机制，帮助学生和教师了解评价结果，指导后续的评价体系和英语教学改进工作。

第四，定期评估与调整。评价体系不是一成不变的，需要定期进行评估和调整。学校及教师根据评价的效果，及时对评价标准和方法进行调整，以适应教育发展和英语学科变革的需要。

第五，建立电子化管理系统。利用现代信息技术，建立电子化的评价管理系统，方便教师和学生查阅评价结果，提高管理效率。

（五）设计全面多元的评价体系面临的挑战和应对方案

1. 设计全面多元的评价体系面临的挑战

第一，构建全面多元的评价体系涉及评价维度和评价标准的确定、评价指标的选取与更新、评价机制的调整与优化等内容，这一过程比较复杂和耗时。在此过程中，大学英语教学改革仍在继续，随时可能提出新的评价要求，学生的英语学习需求也在不断变化，这使评价体系在设计上存在一定的滞后性。

第二，在设计好的评价体系中，一些评价标准可能存在主观性，并且对于评价标准，不同评价者可能有不同的看法，这会影响评价标准的科学性和有效性，导致评价标准的确定存在困难。

第三，学生和教师对新评价体系的接受度可能存在较大的差异。从学生的角度来看，新的评价体系可能会让他们感到有压力。新的评价体系要求学生在各个方面都要有所发展，这无疑增加了学生的负担，可能导致一部分学生对新的评价体系产生抵触情绪。从教师的角度来看，新的评价体系也对他们的教学方法和能力提出了更高的要求。教师既要负责英语知识的传授，又要关注学生的心理健康、人际沟通等多方面的发展情况，这意味着教师在教学过程中要付出更多的心血，因此可能导致他们对新评价体系的接受度不高。

第四，资源投入问题。构建全面多元的评价体系可能需要投入一定的资源，包括人力（如需要招聘和培训一批具有专业知识和评价技能的人才）、物力（如需要购置先进的评价工具和软件，以及相应的硬件设备）和财力（如需要为评价体系的研发、推广和运营提供资金支持），这对部分学校来说有一定难度。

2. 应对方案

第一，在设计初期明确评价体系的整体框架，并逐步实施，不必一次性完成。

第二，明确评价标准。通过培训提高评价者的专业水平，同时引入多位评价者进行交叉评价，提高评价标准的客观性和科学性。

第三，在设计初期要充分征求相关方的意见，并通过培训和沟通提高他们对新评价体系的接受度。

第四，逐步实施，合理规划资源投入。

设计全面多元的评价体系是大学英语教学改革的迫切需求，它有助于学校及英语教师更加全面、准确地了解学生的学业水平和素养发展水平，推动英语教学质量的提升，为培养具有综合素质的优秀人才奠定基础。

二、收集与整理教学反馈信息

（一）教学反馈的概念与意义

1. 教学反馈的概念

教学反馈是指教师获取学生学习过程和学习结果等信息，并据此对教学活动进行评价和调整的过程。这种信息可以涵盖学生的学习动机、学习困难，以及对所学知识的理解程度等方面，能够帮助教师更全面地了解英语教学的实际情况。

2. 教学反馈的意义

一是提高教学效果。通过教学反馈，教师可以及时获取学生的反馈信息，根据学生的实际学习情况调整教学方法，提高教学的针对性和实效性。

二是有助于实施个性化教学。教学反馈结果可以体现学生的个体差异，帮助教师更好地实施个性化教学，满足学生不同的学习需求。

三是促进学生参与。通过教学反馈，可以让学生知道他们的意见和建议是被重视的，学生会更积极地参与到教学过程中，有助于增强学生的学习动机。

四是建立良好的师生关系。通过建立有效的反馈机制，可以使教师和学生之间的沟通变得更加顺畅、联系更加密切，从而建立良好的师生关系。

（二）教学反馈的形式与信息来源

1. 教学反馈的形式

（1）口头反馈

教师可以通过课堂提问、小组讨论等形式，直接听取学生的回答和观点，实时了解他们对所学英语知识的理解水平。

（2）书面反馈

学生可以通过作业、论文、问卷调查等书面形式，表达对教学内容和过程的看法，为教师提供更深入的信息。

（3）电子反馈

利用在线平台、电子邮件等方式，教师可以收集学生对英语课程的意见和建议，实现更便捷的信息交流。

2. 教学反馈信息的来源

（1）学生反馈

学生是最直接的教学反馈信息来源，他们的理解程度、兴趣水平、学习需求等信息对教学调整至关重要。

（2）同行反馈

课程观摩、教学互评、共同研讨等反馈形式，可以帮助教师获取同行的专业的建议和反馈信息。

（3）自我反思

教师可以通过自我反思，对自己的英语教学工作进行评估，发现问题并进行调整。

（三）根据反馈信息调整教学策略的步骤与方法

1. 教师根据反馈信息调整教学策略的步骤

教师系统地收集和整理来自不同渠道的反馈信息，包括学生的口头建议、书面反馈，同行的建议，以及自我反思的成果等之后，要根据反馈信息及时调整教学策略。具体步骤如下：

第一，分析和解读反馈信息。教师要对收集到的反馈信息进行分析和解读，理解学生的需求和问题，识别教学的亮点和不足之处，从中提炼关键问题。

第二，调整目标和策略。在分析反馈信息的基础上，教师应明确需要调整的目标和策略。目标可以是提高学生的理解水平、调整教学方法、优化课程设计等，策略可以是改变教学方式、增加互动环节、调整评价方式等。

第三，实施调整并监测效果。教师应根据设定的调整目标和策略，进行相应的教学调整，并在教学过程中监测效果，包括观察学生的学习表现、收集新的反馈信息，以及评估调整后的教学的实际效果。

2. 教师根据反馈信息调整教学策略的方法

一是灵活运用教学技术。利用现代教学技术，如在线教学平台、虚拟实验室等，教师可以更灵活地调整教学策略。这些技术不仅能够为教师提供更多的英语教学资源，还可以记录学生的学习轨迹和表现，为教师进行动态的教学调整提供更直观的依据。

二是与学生积极互动。通过定期的反馈交流会、个别辅导等，教师可以与学生之间建立起积极的互动机制，直接了解学生的学习状态和需求，及时调整教学策略。

三是定期评估教学效果。教师应定期对教学效果，包括学生的成绩、参与度、满意度等多个方面进行全面评估。通过评估结果，教师可以了解教学的长期影响，进一步完善教学设计。

（四）收集与整理教学反馈信息的难点及解决方案

1. 收集与整理教学反馈信息的难点

一是信息过载与筛选困难。教师收集到的反馈信息可能数量较为庞大，教师需要在信息过载的情况下进行筛选，并整理出最关键、最有价值的信息。

二是学生反馈的主观性。学生反馈可能会受到主观因素的影响，导致学生有时候难以准确把握问题的本质，反馈的信息不够有效。

三是教学调整的及时性难以保证。教学调整需要及时进行，否则可能错失最佳时机。但是，在当今社会，教育环境快速变化，技术不断发展，导致教学调整的及时性难以得到保证。

四是学生参与度不足。有些学生可能对教学反馈活动缺乏兴趣，不能积极参与反馈活动，导致反馈信息不够全面。

2. 解决方案

一是建立清晰的信息筛选标准，注意发现关键问题；二是通过多种途径收集反馈信息，引入同行评价和教学观摩，以综合多角度的信息；三是建立快速反馈机制，采用实时的评价工具，使教师能够在教学过程中及时了解学生的反馈情况；四是通过激发学生的学习兴趣、提高教学互动性等方式，提高学生对教学反馈活动的参与度。

三、学生参与式评价与自我反思

学生参与式评价和自我反思是教育领域的重要概念，强调学生在学习过程中的积极参与和主体地位。学生通过参与式评价，不仅能够更深入地了解自己的学习状态和需求，还能够培养自己的批判性思维、合作精神和自主学习能力。在教学实践中，教师可以巧妙结合学生的参与式评价和自我反思，建立有效的反馈机制，促进学生的全面发展。在未来的大学英语教学改革中，学生参与式评价和自我反思将继续发挥重要作用，为培养具有创造力和批判性思维的人才提供有力支持。

（一）学生参与式评价的重要性

第一，促进学生主动学习。学生参与式评价赋予了学生更多的主动权，使学生成为学习的主体。通过参与式评价，学生更容易产生学习动机，主动参与学科知识的探究和学习方法的选择。

第二，培养批判性思维。参与式评价要求学生从多个角度去思考问题，有助于提高学生的批判性思维的水平。在参与式评价中，学生需要对他人的观点进行评价，同时也需要对自己的学习活动进行反思，这有助于培养学生进行批判性思考的能力。

第三，加强学生合作与沟通。通过同伴评价和学生参与式评价，学生之间的合作和沟通效果得到增强。学生在互相评价的过程中不仅能够了解对方，而且能够更好地表达自己的观点，从而促进团队协作和交流。

第四，建立良好的师生关系。学生参与式评价强调师生平等沟通，有助于建立师生之间的平等关系。教师通过倾听学生的声音，能够更好地了解学生的英语学习需求，增强英语教学的针对性和学生的参与感。

（二）学生参与式评价的实施方式

学生参与式评价强调学生在评价过程中的积极参与，使学生成为评价的主体。与传统的教师主导型评价不同，学生参与式评价更注重学生的主观感受、自我认知和对英语学习的理解。在大学英语教学中，学生参与式评价的实施方式主要有四种。

一是同伴评价。学生可以通过对同伴的学习成果、表现进行评价，提供建设性的反馈信息。这种方式可以促进学生之间的互动与合作，使学生学会尊重和理解他人的观点。

二是自我评价。学生可以通过对自己的学习过程和成果进行评价，梳理个人在英语学科上的优势和不足，提高自我认知水平。自我评价有助于培养学生的自我管理能力和自主学习能力。

三是组织学生参与式评价会议。定期组织学生参与式评价会议，让学生就教学内容、教学方法、学习体验等方面发表自己的看法和建议，促进教学资源的共建共享。

四是提供学生参与式评价工具。利用在线问卷、学生反馈单等工具，搜集学生对英语教学的意见和建议，收集更加全面的评价信息。

（三）自我反思的概念与实施

1. 自我反思的概念

自我反思是个体在学习、工作或生活中对自己的行为、思想和经验进行深入思考和总结的过程。它涉及个体对自身行为的自我评价，以及对过去经验的思考和对未来行动的规划。

2. 自我反思的实施方式

（1）学习日志

学生可以通过写学习日志的方式，记录自己的学习体会、收获和困惑，以及自己在学习过程中的感受和认识。

（2）个人目标设定

学生通过设定短期和长期的学习目标，定期对自己的目标达成情况进行评估和反思，调整学习策略。

（3）反思性作业

教师通过设计反思性作业，要求学生在完成课堂上的英语学习任务后对自己的表现进行分析和总结，提高其对英语学习的认知水平。

（4）自我评价工具

教师利用自我评价问卷、自我评价单等工具，引导学生对自己的学习状态、学科知识、学习策略等方面的表现进行评价。

（四）自我反思的重要性

1. 提高自我认知水平

通过自我反思，学生能够更深入地了解自己的兴趣、优势、不足，形成对自己的全面认知。这种自我认知有助于学生更好地规划学习和实现个人发展。

2. 激发自主学习动机

在自我反思的过程中，学生会对自己的学习目标和未来发展有更清晰的认识，从而激发更强烈的自主学习动机。了解自己的需求和目标可以帮助学生更有针对性地选择英语学习内容、采取英语学习策略、增强英语学习的自主性和积极性。

3. 促进学生成长与发展

自我反思是一个不断发展的过程，学生通过不断地反思和调整，逐渐实现自身的成长。在大学英语教学中，学生的这种成长不仅体现在其对学科知识的掌握上，还体现在其对自己的情感、态度、价值观等方面的深度认知和调整上。

4. 提高问题解决能力

自我反思有助于培养学生的问题解决能力。在反思的过程中，学生能够发现问题、分析问题、找到问题的根本原因，并有意识地制定解决方案。这种能力在学生的英语学习和实际生活中都具有重要意义。

5. 形成积极的学习态度

通过自我反思，学生能够更积极地对待英语学习中的挑战和困难，逐渐形成乐观的学习态度，将问题看作成长的机会，通过反思不断提高自己的英语学习能力。

（五）学生参与式评价与自我反思的结合应用策略

1. 结合评价结果进行反思

在实施学生参与式评价的基础上，鼓励学生进行自我评价。通过在同伴评价和教师评价中收集的反馈信息，鼓励学生对自己的学习过程进行反思，培养其自我评价和自我监控的能力。

2. 结合学习日志进行反思

学习日志是学生进行自我反思的有效工具。学生可以通过撰写学习日志，记录学习过程中的体会、心得和计划。学生可以在学习日志的基础上，结合同伴和教师的评价，进行深入的自我反思。

3. 结合学习目标进行反思

学生应在设定学习目标的基础上，定期对自己的学习目标的达成情况进行反思。他们可以评估学习目标的合理性，分析实际完成情况，并提出调整学习策略的建议。

4. 借助参与式评价会议和自我评价工具进行反思

教师可以通过定期组织学生参与式评价会议，以及设计多样化的自我评价工具的方式，引导学生进行有效的自我评价和自我反思。在此过程中，学生可以分享自己的学习经验和心得，共同探讨如何更好地促进英语学习和发展；教师可以鼓励学生对自己在学科知识、学习态度、团队协作等方面的表现进行全面的评价。

（六）学生参与式评价与自我反思结合应用面临的挑战与应对策略

1. 学生参与式评价与自我反思结合应用面临的挑战

第一，学生参与度不高。有些学生可能对学生参与式评价和自我反思缺乏兴趣，导致参与度不高，无法提供有效的反馈信息。

第二，评价工具设计难度较大。教师在设计学生参与式评价和自我评价的工具时，可能会遇到一些难题。

第三，反思能力培养需要时间。自我反思是一种重要且不可或缺的能力，需要我们投入时间和精力去培养。在有限的英语教学时间和节奏较快的教学活动中，有些学生可能难以适应或配合反思能力培养策略，无法在短时间内具备这种自我反思能力。

第四，教师引导力度难以把握。在学生进行参与式评价和自我反思的过程中，教师需要适度引导，这对教师来说有一定的难度。

2. 应对策略

一是激发学生的学习兴趣，通过增加趣味性的评价形式、设立明确的奖惩机制等方式提高学生对参与式评价与反思活动的参与度；二是在设计评价与反思活动之前深入了解学生的需求，灵活运用多种评价工具，并注重工具的简洁性和实用性；三是通过慢慢引导，逐步培养学生的反思意识，同时给予学生充分的时间；四是在评价的不同阶段，根据学生的实际情况对评价和反思的方式、工具进行灵活调整，并给予学生适当的指导。

第四节 学习资源的优化与管理

一、开发多样化的英语学习资源

多样化英语学习资源的开发与应用是大学英语教学改革创新的重要方向，对提升学生的英语学习效果、满足学生的个性化英语学习需求、促进学生综合素质的培养具有重要意义。然而，在进行多样化英语学习资源开发的过程中，学校需要克服技术设施不足、教师培训问题等一系列挑战，确保其开发的英语学习资源的质量。

（一）多样化英语学习资源的类型

1. 数字化教材与电子资源

部分学校将传统教材数字化，创建包括电子书籍、多媒体教学资料等英语学习资源在内的电子资源库。这样，学生可以随时随地获取多样化的英语学习资源，并获得个性化的英语学习支持。

2. 在线课程和远程教学资源

利用互联网技术开发的在线课程和远程教学资源，为学生提供了异地学习的机会。这种方式可以打破地域限制，为学生提供更丰富的英语学习资源。

3. 趣味性英语学习资源

利用教育应用程序和互动软件设计的具有游戏性质的英语学习资源，

能够吸引学生的注意力，通过互动的方式促进学生参与和进行深度的英语学习。

4. 英语学习交流平台

利用社交媒体平台和在线社区建立的英语学习交流平台，让学生在互动中学习英语。通过分享、评论和讨论，学生可以更好地理解和吸收英语知识、练习英语口语。

5. 实践性学习资源

情景模拟对话等实践性英语学习资源可以帮助学生将理论知识应用到实际问题中，促进学生英语能力的培养。

6. 开放教育资源（OER）

开放教育资源可以促进优质教育资源共享。简单来说，开放教育资源是指免费开放的数字化材料，包括教学视频、教案、测验等，可供教师、学生在他们的教学、学习和研究中使用。合理利用开放教育资源，有助于提高教育资源的利用率，降低学生的学习成本。

（二）多样化英语学习资源对大学英语教学的积极影响

1. 促进学生主动学习

多样化英语学习资源的引入能够激发学生的主动学习意愿。通过互动软件、在线课程和实践性学习资源，学生可以更灵活地选择学习内容，提高自主学习的能力。

2. 提高学习的自由度

数字化教材、在线课程等多样化学习资源可以突破时间和空间的限制。学生可以在任何时间、任何地点获取所需的学习资源，提高学习空间和学习时间选择的自由度。

3. 提高教学效果

多样化的英语学习资源的互动性和创新性有助于提高英语教学的效果。通过引入丰富的教育应用程序、实践性英语学习资源，教师可以更灵活地进行教学设计，提高教学效果，满足学生的学习需求。

4. 促进合作学习与互动

在线社区、协作工具等多样化英语学习资源可以促进学生之间的合作学习与互动。学生可以通过讨论、合作项目等方式共同进行英语学习，同时也能培养学生的团队协作和沟通能力。

5. 进行个性化教学和差异化指导

多样化的英语学习资源为个性化的英语教学提供了有力支持。通过数字化教材、在线评估工具，教师可以更好地了解学生的英语学习情况，进行差异化指导，满足不同学生的英语学习需求。

（三）多样化英语学习资源的开发难点与解决策略

1. 多样化英语学习资源的开发难点

（1）技术设施不足和网络环境不稳定

在一些地区，学校或家庭可能缺少必要的技术设施和稳定的网络环境，这对学生获取多样化的英语学习资源造成了不利影响。

（2）教师培训不足

由于部分学校缺乏相应的教师培训，一些教师可能对数字化教学和多样化英语学习资源的使用方法不够熟悉，这意味着这部分教师可能需要花费更多的时间和精力来获取教学所需的多样化资源。

（3）资源质量和可信度难以保证

在开发多样化英语学习资源时，需要注意提高资源的质量和可信度。然而，随着英语学习资源更新速度的加快、可提供英语学习资源的在线平台数量的增多，以及学生对高质量英语学习资源的需求的日益增长，如何保证多样化英语学习资源内容的权威性、实用性、针对性和创新性，成为多样化英语学习资源开发面临的一大难点。

（4）个人信息安全和隐私面临威胁

教师和学生在使用在线平台和应用程序时，如何保证个人信息安全、保护个人隐私，是普遍存在的问题，也是多样化英语学习资源开发面临的一个难点。

2. 解决多样化英语学习资源开发难点的策略

一是要加强学校基础设施建设，提供专门的技术培训，以确保学生和教师能够充分利用多样化英语学习资源。这样可以帮助教师提升技术水平，使其更好地在英语教学中融入多样化学习资源。

二是编制培训计划，创建优质资源分享平台，确保学生和教师可以便利地获取英语学习资源。

三是建立专门的学习资源审核机制和评估标准，确保学生和教师使用的学习资源具有学术权威性和教育价值。

四是制定明确的隐私政策，强化数据保护措施，保障学生和教师的个人信息安全。

二、英语学习资源的个性化配置

在大学阶段，英语学习资源的范围非常广泛，包括教材、教辅资料、多媒体课件、在线课程、实践性任务等多种形式。英语学习资源的个性化配置可以满足学生的差异化需求，其涉及英语学习资源的选择、组织、定制等内容。个性化教育强调尊重每个学生的独特性，提倡因材施教。英语学习资源的个性化配置是个性化教育的重要体现之一，旨在为每个学生提供符合其英语学习水平、兴趣爱好和学科需求的资源。

（一）英语学习资源个性化配置的重要性

第一，提高学习积极性。英语学习资源的个性化配置能够更好地满足学生的英语学习需求，使英语学习变得更有趣味性和吸引力。在个性化的学习环境中，学生更有可能保持积极的学习态度。

第二，提升学习效果。英语学习资源的个性化配置能够使学生更专注于本学科领域中具体的学习内容，更好地理解和掌握学科知识。学生在自己感兴趣的领域中学习，学习效果往往会更为显著。

第三，促进学科发展。英语学习资源的个性化配置能够为教师更有针对性地进行教学设计提供支持，提高教师备课的效率，使教师有更多的时间和精力进行学术研究，从而有助于促进学科发展。

第四，培养自主学习能力。英语学习资源的个性化配置强调学生在学习过程中的主动性，学生需要主动搜索并获取自己所需的英语学习资源，这样有助于培养学生的自主学习能力。

（二）英语学习资源个性化配置的方法

英语学习资源的个性化配置离不开现代技术的支持，人工智能、大数据分析等技术工具可以帮助教师更精准地了解学生的需求，为学生提供具有个性化的学习资源。同时，数字化学习平台也为学生提供了更灵活的学习方式。英语学习资源个性化配置的方法如下：

一是对学生的需求进行调查和分析。在对英语学习资源进行个性化配置之前，教师可以通过问卷调查、面谈等方式了解学生的英语学习兴趣、学习风格，以及学习英语的优势和劣势。通过对这些信息的分析，教师可以帮助学生制订个性化的学习计划，为实现英语学习资源的个性化配置提供参考。

二是提供多元化学习资源。教师要为学生提供丰富多样的英语学习资源，包括文字、图片、音频、视频等。这样的多元化选择可以更好地满足学生的多样化学习偏好，使英语学习更加生动有趣。

三是建立智能化推荐系统。利用人工智能技术，建立学生英语学习数据模型，有助于教师分析学生的学习历史、兴趣偏好等，从而为学生推荐个性化的英语学习资源。这样的推荐系统可以提高学生英语学习的针对性和效果。

四是搭建自主学习平台。通过自主学习平台，学生可以根据自己的兴趣和需求主动选择英语学习资源。这样的平台可以激发学生对英语学科的学习兴趣，培养其自主学习的能力。

五是设计个性化任务和项目。教师可以针对学生的个性化需求，设计个性化的学科任务和项目。通过完成学科任务和进行项目实践，学生可以更深入地探究自己感兴趣的领域，提高学科素养。

（三）英语学习资源个性化配置的发展趋势

1. 基于大数据的个性化配置

随着大数据技术的不断发展，更多的学习资源和学生学习数据将被纳入分析范围，实现更精准、更科学的英语学习资源个性化配置。

2. 深度学习与人工智能技术的应用

利用深度学习和人工智能技术，构建更智能、更智慧的英语学习系统，通过不断优化，为学生提供更符合其需求的优质英语学习资源将成为一种趋势。

3. 个性化配置在在线教育领域的推广

在线教育平台更容易实现英语学习资源的个性化配置，未来可能会有更多的在线教育资源，以及基于个性化需求的在线学习模式。

4. 教育生态系统的建设

未来，教育生态系统将建设得更加完善，学校、家庭、社会等多方资源将被整合，共同为学生提供个性化的英语学习支持。

英语学习资源的个性化配置是实现个性化教育的关键一环，其核心在于满足学生的差异化学习需求，提高英语学习的适应性和有效性。随着科学技术的不断创新和英语教学理念的不断进步，英语学习资源个性化配置的精准性和科学性将进一步提高，以更好地满足学生的英语学习需求，进而促进大学英语教学的改革创新，为大学培养全面发展的人才提供资源支持。

三、英语学习资源管理

（一）英语学习资源管理的目标及重要性

英语学习资源管理是指对学校所拥有或应当拥有的英语学习资源，包括教材、教学设计、多媒体资料、在线课程等进行有效组织、存储、检索、共享和维护的过程。

1. 英语学习资源管理的目标

英语学习资源管理的目标是提高英语学习资源的可用性、可访问性和可维护性，促进教育资源的合理利用，满足不同学生的需求，以提升大学英语教学质量。

2. 英语学习资源管理的重要性

有效的英语学习资源管理有助于提高教育资源的使用效益，推动教学创新，促进英语知识的传播与分享。

（二）英语学习资源管理面临的挑战

1. 多样性和碎片化

英语学习资源的多样性和碎片化使得其管理工作更加复杂。这些资源可能有不同的来源，包括教育机构、教师、第三方内容提供商等，管理起来难度较大。

2. 技术标准不同

不同类型的英语学习资源可能需要采用不同的技术标准来进行管理，这在一定程度上导致资源之间无法互通，难以实现有效的资源整合与共享。

3. 知识产权问题

学习资源中涉及的文字、图片、音频、视频等元素可能受到知识产权的保护。在共享和使用这些资源时，必须尊重知识产权，避免侵权行为。

4. 数据安全和隐私保护

随着英语学习资源的数字化，数据安全和隐私保护成为英语学习资源管理的重要方面。个人学习数据的收集、存储、处理都需要符合相关法规和标准。

5. 资源质量和有效评估

如何确保英语学习资源的质量，以及对英语学习资源的利用效果进行有效评估，是亟待解决的问题。缺乏科学的评估体系可能导致低质量的英语学习资源被广泛使用，从而对学生的英语学习产生不利影响。

（三）英语学习资源管理的发展趋势

1. 技术创新与数字化管理

随着科学技术的不断发展，数字化学习资源管理工具将更加普及，可以更高效地对英语学习资源进行管理，实现英语学习资源的数字化存储、检索和共享。

2. 区块链技术应用

区块链技术的应用有望改变知识产权的管理方式，通过去中心化的特性，确保知识产权的透明、不可篡改，为英语学习资源的版权保护提供更加可靠的手段。

3. 开放教育资源的推广

未来，开放教育资源的推广有望成为一种更加普遍的趋势，并且有利于促进英语学习资源的共享与管理。

4. 全球合作与标准制定

针对跨境英语学习资源共享和知识产权保护问题，国际社会需要加强合作，共同制定相关标准和规范，建立全球范围内的英语学习资源知识产权保护机制。

5. 个性化学习和定制化资源

随着个性化学习理念的深入，英语学习资源将更加注重满足学生的需求，这就需要更加灵活的知识产权管理机制，以支持个性化英语学习资源的定制和使用。

第五节 教师职业发展与团队建设

一、教师职业发展规划

教师职业发展规划是教师在教育事业中取得成功、不断提升自我水平、实现个人职业价值的关键工具。随着社会的不断发展和教育环境的变化，教师职业发展规划变得愈发重要。通过自我评估、明确职业目标、制订计划、学习与成长、建立专业网络、评估和调整等步骤，教师可以更有针对性地规划自己的职业发展路径。

（一）教师职业发展规划的概念和内容

教师职业发展规划是指教师通过系统性思考、明确职业目标、制订相关计划等，提升自身教育水平，发挥自身潜能，实现个人和职业目标的过程。它不仅是一份计划，更是一种职业态度和职业生涯理念。

教师职业发展规划包括个人职业目标的设定、专业能力的提升、教学经验的积累、学科知识的深化、学科创新研究、职业道德的提升等内容。通过系统性的规划，教师可以更好地抓住职业生涯中的机遇和应对职业生涯中的挑战。

（二）教师职业发展规划的重要性

1. 促进个人成长

教师职业发展规划有助于教师全面提升自己的职业素养，包括知识水平、教育技能、人际沟通等，从而更好地适应职业环境的不断变化。

2. 提高教学质量

通过规划职业发展路径，教师能够持续提高自己的专业水平，更好地服务于学生，提升教学质量，推动学生全面发展。

3. 提高职业满意度

拥有明确的职业发展目标和规划可以使教师更有动力、更有方向地投入工作。在实现自身职业发展目标的过程中，教师能够获得更大的成就感和更高的职业满意度。

4. 提升职业竞争力

良好的职业发展规划使教师能够在不同阶段不断提升自己的竞争力，更好地应对职业市场的需求，有助于教师获得更好的就业机会。

（三）制定教师职业发展规划的步骤

1. 自我评估

教师首先需要对自己进行全面的评估，包括个人兴趣、职业价值观、专业技能等方面，了解自己的优势和不足，从而为自己的职业发展制订更有针对性的计划。

2. 明确职业目标

教师应该以自我评估的结果为基础，明确个人职业目标。这些目标可以是短期的，也可以是中长期的；既可以包括个人成长，也可以包括对教育事业的贡献。

3. 制订计划

明确职业目标后，教师需要制订实现这些目标的详细计划。这些计划涉及学术研究、教学改进、专业培训、参与项目等多个方面。

4. 学习和成长

教师在职业发展过程中需要不断学习，包括提升学科知识、学习新的教学方法等。学习和成长是教师职业发展的基石。

5. 建立人际网络

与同行、学生等建立良好的人际关系，形成良好的人际网络，有助于教师获取职业建议和支持，同时良好的人际网络也可以为教师提供交流与合作的平台。

6. 评估和调整

教师应该根据实际情况，定期对职业发展规划进行评估和调整，及时调整职业目标和发展策略，确保规划的有效性。

（四）大学英语教师职业发展路径

1. 应用先进技术

教育技术的不断发展为大学英语教师提供了更多的职业发展机会。大学英语教师可以学习和应用先进的教育技术，通过在线教育、数字化教学等方式创新英语教学方法，提高自己的英语教学水平。

2. 开展跨学科合作

现代教育注重跨学科合作，大学英语教师可以通过参与跨学科研究项目、合作编写跨学科教材等方式，提升自己的学科素养，实现跨学科的职业发展。

3.参加实践教学

教师职业发展不仅局限于理论学习，积累实践经验同样重要。大学英语教师可以通过参加实践教学等活动，丰富自己的教学经验，提高实际教学能力。

4.参加专业培训，获取相关证书

参加专业培训,获取相关证书也是大学英语教师职业发展的有效途径。这不仅有助于他们拓展知识面，还可以提升其职业认可度，增强其专业实力。

5.参与学术研究

积极参与学术研究是提升大学英语教师学术水平的重要途径。发表学术论文、参与学术会议、进行科研项目等，有助于大学英语教师建立自己在学术领域的声望，促进其职业发展。

6.参与国际交流与合作

参与国际性的学术交流、合作项目，了解国际教育前沿动态，与国际同行进行深入合作，可以极大地丰富大学英语教师的视野，推动其个人职业发展。

（五）大学英语教师职业发展中的困难与对策

1.课堂压力与工作负担

大学英语教师面临着课堂教学的压力和工作负担。为应对这一困难，大学英语教师需要进行科学的时间管理，合理安排工作任务，同时借助团队协作来减轻工作负担。

2. 技术更新与应用

教育技术的不断更新对大学英语教师提出了更高的要求，给其职业发展带来了挑战。为应对这一困难，大学英语教师可以积极参与技术培训，学习新技术，并将新技术灵活运用于教学实践中，不断提升自身的教学水平，提高职业素养，促进职业发展。

3. 职称晋升

大学英语教师的职业发展通常伴随着职称晋升的需求。职称不仅是个人能力的体现，更是个人价值和职业成就的重要标志。然而，职称晋升并不是一件容易的事情，它需要教师具备扎实的专业知识和丰富的工作经验，还需要教师在工作中表现出色，得到领导和同事的认可和支持，需要教师付出较大的时间和精力。大学英语教师可以根据职称评审标准调整自己的职业发展计划，有针对性地提升自身素质，以获得更多的晋升与发展机会。

4. 学科发展与跨学科合作

部分大学英语教师在学科发展和跨学科合作方面可能会遇到困难。他们可以通过深入学科研究、参与跨学科项目等方式，提升自己的学科素养，逐步拓展自己的专业领域。

未来，随着数字化教育技术的普及、个性化学习的推广，以及全球化视野的拓展，大学英语教师的职业发展将迎来更多的机遇和挑战。

二、建立教师终身学习机制

（一）教师终身学习的概念

教师终身学习是指教师在职业生涯的各个阶段，通过不断更新知识、培养技能、拓宽视野，实现个人职业发展的过程。教师终身学习不仅包括对教学内容的更新，还包括教育理念、教育技术和教育管理等方面的学习。终身学习是一个全面的概念，涵盖了不同层面的学习需求。它强调教师不仅要在学科知识上不断深化，还要关注教学方法、学科整合、跨学科研究等多个方面的能力的提升。

（二）建立大学英语教师终身学习机制的措施

1. 提供政策与平台支持

学校应制定相应的政策，为英语教师提供便捷的学习资源和交流机会。学校可以加强与国内外优秀教育机构之间的合作，建设多样化的学习平台，组织定期的教师培训和学术交流活动，让英语教师有机会接触最新的教学理念和方法，为英语教师终身学习提供政策与平台支持。

2. 设立专业发展岗位

学校可以设立专业发展岗位，鼓励英语教师参与学科研究、教育改革等活动，为英语教师提供更多的专业发展机会和空间。

3. 建立导师制度

建立导师制度，由具有丰富经验的英语教师担任导师，指导新教师的英语教学工作，分享英语教学经验，促进新英语教学能力的提升。

4. 建立和完善奖励机制

学校应建立和完善绩效评价、奖励机制，对积极参与终身学习、在教学和科研方面取得显著成就的英语教师给予适当的奖励，激发英语教师的学习热情。

5. 组织培训与进修活动

学校可以定期组织各类培训和进修活动，为英语教师提供系统性的学习机会，满足其职业发展需求。

6. 投入专业发展经费

学校和教育部门应适当增加英语教师专业发展经费投入，支持英语教师参与各类培训、学术交流和进修活动，帮助英语教师更好地平衡工作和学习的关系。

7. 建立跨学科交流平台

学校应通过建立跨学科交流平台，鼓励英语教师与其他学科领域的专业人士进行深度交流，促进跨学科合作，提升英语教师的综合素质。

8. 开展集体研究与分享活动

学校可以组织集体研究与分享活动，通过小组讨论、经验分享等形式，促使英语教师相互学习，激发集体学习的动力。

9. 建立教学观摩机制

学校可以建立教学观摩机制，鼓励英语教师相互走访，观摩其他教师的优秀教学实践，促进英语教学经验分享和教师之间的互相学习。

三、教师团队建设

（一）教师团队建设的概念与意义

1. 教师团队建设的概念

教师团队建设是指通过有组织、有计划的活动，促进教师之间的协作、沟通和信任，建设一个高效、协作、专业的教师团队，提升教师的专业水平和教学质量，最终使教师形成一个有机的整体，共同提高学校整体教育质量。

2. 教师团队建设的意义

一是提升教育质量。优秀的教师团队能够共享资源、经验和智慧，通过协作提升教学质量，更好地满足学生的学习需求。

二是激发创新力。团队建设有助于营造积极的教育和学习氛围，激发教师的创新活力和积极性，推动教学理念和方法的不断创新。

三是提高工作效率。高质量的教师团队能够实现更好的分工与合作，提高工作效率，使学校的教学工作进行得更加顺利。

四是促进个人成长。教师团队建设旨在促进教师之间的相互学习和支持，有助于每位教师在合作中不断成长，共同提高专业水平。

（二）大学英语教师团队建设的策略

1. 明确团队目标

团队的建设需要有明确的目标，即团队成员共同努力的方向。这有助于达成共识、激发团队成员的合作热情。团队成员应共同参与确立团队的愿景和价值观，确保大家理解和认同团队目标。

2. 建立有效的沟通机制

良好的沟通是团队协作的基础，开放、透明、及时的沟通机制，能够促使团队成员分享信息、解决问题。在有效的沟通机制的引导下，可以营造出积极向上、乐于合作的团队氛围，更好地鼓励团队成员分享成功经验和积极面对英语教学中的各种挑战，使团队成员共同成长。

3. 培养信任和团队凝聚力

信任是团队建设的核心。通过互相了解、提供支持和鼓励等方式，可以培养团队成员之间的信任感，增强团队凝聚力。

4. 分工合作与角色明确

团队中每个成员都有独特的技能和责任，根据团队成员的个体特点和技能，进行合理的分工与角色安排，可以发挥每个人的优势。

5. 定期组织团队培训

通过定期的团队培训，鼓励团队成员分享学习心得、经验和教育资源等，可以提高团队成员的专业水平和团队协作能力，不断提升团队成员的综合素质。

此外，制定合理的奖励机制，激励团队成员为实现团队目标一起努力，共同分享团队的成果也很重要。同时，在团队合作过程中，难免会遇到冲突，建立有效的冲突解决机制，通过沟通、协商解决矛盾，可以更好地确保团队的和谐稳定。

第四章　大学英语教学改革面临的问题与应对策略

第一节　资源分配不均与教学观念转变难题

一、教育资源分配不均衡

英语作为一门全球通用的语言，在当今社会占有重要的地位。然而，大学英语教育资源分布不均衡的问题一直存在，导致不同地区、学校和学生之间存在比较明显的资源差异。为了促进大学英语教育的公平发展，我们需要采取一系列的改革策略，解决教育资源分配不均的问题。大学英语教育资源分布不均衡的原因如下：

（一）经济差异

经济差异是导致英语教育资源分布不均衡的主要原因之一。经济水平较高的地区通常能够吸引更多的教育资源支持，吸引更多的高素质教育人才，购买更先进的教育技术和教材，为学生提供更好的学习环境。相比之下，经济水平较低的地区往往难以获得同等水平的教育资源。同时，由于不同地区的经济发展水平和基础不同，推动教育资源均衡分配可能面临许多其他问题。此外，随着大学英语教学改革工作的推进，教学改革需要的资金也在不断增加，政府及有关部门面临着巨大的财政压力，无法及时为大学提供教育资源支持。

（二）教育体制问题

教育体制的不合理也是导致英语教育资源不均衡的原因之一。教育体制改革涉及问题繁多，是一项任重而道远的系统性工作。

教育体制是教育机构和教育规范两个要素的结合体。其中，教育机构包括教育实施机构和教育管理机构，前者主要是指各级各类学校；后者主要包括各级各类教育行政机构和各级各类学校内部的管理机构。教育规范是指建立并维持教育机构正常运转的制度。近年来，我国教育体制不断完善，各大学在现有教育体制的指引下培育出了一大批的优秀人才，并在各行各业发挥着重要的作用。但不可否认的是，随着经济、社会、文化的发展，现有教育体制的弊端也不断凸显出来，并在一定程度上导致了英语教育资源配置不当、分配不均衡、管理不善等问题。

（三）师资力量不足

师资力量的不足也是英语教育资源分配不均衡的一个关键因素。良好的师资力量对于提供高质量的英语教育至关重要，但不同地区、不同大学之间的英语师资力量差异直接影响了英语教育资源的均衡分配。

（四）教育观念和机制落后

一些地区的教育观念和机制相对落后，对于现代英语教育的需求缺乏适应性，这导致了教学方法、教材更新、教育技术应用等方面的不均衡，使学生无法享受到最新的教育资源。

二、传统教学观念的转变难题

传统的教学观念在长期的教育实践中形成并逐渐固化，具有教师主导、重视理论知识传授而忽视实践应用、注重考试分数等特点。然而，随着社会的不断发展和教育理念的不断更新，一些传统的教学观念在一些方面已经明显滞后，不再适应当前大学英语教学改革的要求。因此，要推动大学英语教学朝着更为现代化、综合化的方向发展，就需要面对传统教学观念的转变难题，同时制定切实可行的突破策略。

在我国漫长的教育历史中，传统教学观念的形成与固化，既体现了我国教育的独特性，也揭示了教育发展的内在规律。具体来看，我国传统教学观念的特点及转变难点主要如下：

（一）传统教学观念的特点

1. 教师主导的教学模式

在传统的教学观念中，教师往往被视为知识的主要传授者，学生则是被动接受的一方。这种教师主导的教学模式是在长期的教育实践中形成的。在这种教学模式下，学生的参与度相对较低，难以培养学生的自主学习能力。

2. 重视知识传授而忽视实践应用

在传统的教学观念中，教学的重点是对知识点的传授，忽视了对学生实践应用能力的培养。这种侧重知识本身，而非知识的实际运用的教学观念，容易导致学生在面对实际问题时无法有效运用所学知识。

3. 考试分数至上的评价体系

在传统的教学观念里，教学评价体系主要以考试分数为核心，对学生的评价主要体现在考试成绩上。这种评价体系容易造成应试教育的倾向，导致学生追求分数而忽视对知识的深度理解和实际运用，不利于学生的全面发展。

4. 教育目标的单一化

在传统的教学观念中，教育目标主要以学科知识的传授和学科水平的提高为导向，而对学生的个性、创新能力、团队协作能力等方面的培养往往较为薄弱，导致学生的全面发展受到限制。

（二）传统教学观念转变的难点

传统的教学观念在教育体系中根深蒂固，许多教师和学生对于传统的教育方式有着深刻的认同。转变这种传统教学观念是一项具有挑战性的任务，需要付出较多时间和精力，其难点主要体现在两个方面。

1. 制度的束缚

现有教育体制中的一些制度性问题是传统教学观念难以转变的原因之一。具体来说，在教育评价、招生制度、师资培养等方面，现有的教育制度对传统教学观念的延续起到了一定的支持作用。

2. 教育资源不均衡

部分地区教育资源的不均衡也是传统教学观念难以转变的重要原因。

相对较差的教育资源使一些落后地区更难引入先进的教学理念和技术手段，难以为教师提供更多的培训和支持。在这样的情况下，教师无法有效地转变教学观念。

转变传统教学观念是一项复杂而长期的任务，需要全社会的共同努力。确定大学英语教学改革方向与目标、提供相应的政策法规支持、加强教育资源的配置与共享、推动教育体系改革、倡导社会广泛参与等关键要素的相互配合，是大学逐步克服传统教学观念转变难题，实现教育体制的优化与创新、促进英语教学改革的必经之路。

第二节　英语教师专业发展面临挑战

英语教师专业发展面临着日益复杂的挑战。随着社会的发展和科技的进步，社会对大学英语教育的要求也在不断演变。英语教师除了需要完成传统的语言教学任务外，还需要面对新技术、多元文化、不断变化的教育政策等多方面的挑战。

一、英语教师专业发展面临的挑战

（一）缺乏技术知识

一些英语教师由于缺乏相关的培训和技术知识，在新技术的应用上可能感到力不从心，导致他们在英语教学过程中无法充分利用现代技术手段，影响了英语教学的效果及自身专业发展。

（二）对文化差异理解不足

语言和文化是紧密相连的，语言中的许多元素，如词汇、习语和表达方式，都深深植根于特定的文化背景中。如果英语教师不熟悉这些文化背景，他们可能会错误地解释一些词汇、习语或表达方式，从而误导学生。对文化差异理解不足还可能影响英语教师的教学方法。他们可能会过度强调语法和词汇的教学，而忽视文化适应和跨文化交流技能的培养。这样的教学方法可能会让学生觉得英语是一门枯燥无味的学科，而不是一种有用的交流工具。可见，对文化差异理解不足，对教师的专业发展影响较大。

（三）教学方法单一

部分英语教师在长期的教学实践中可能形成了固定的教学模式，难以灵活应对学生的多样化需求。教学方法单一可能使学生的学习体验缺乏新意，进而影响教学效果，这对教师的专业发展也是不利的。

（四）专业发展机会匮乏

部分地区和学校可能缺乏系统、全面的英语教师专业发展机制。英语教师参与培训、学术研究、国际交流等的机会有限，限制了他们专业发展的广度和深度。

二、英语教师专业发展面临挑战的原因

（一）新技术对英语教学方式的影响

随着信息技术的飞速发展，新技术的引入对大学英语教学方式提出了新的要求。虚拟教室、在线教育平台、智能化教学工具的广泛应用，使传统的英语教学模式受到冲击，教师需要不断适应并整合这些新技术、使用这些新工具，以提高教学效果。

（二）教育政策的不断变化

教育政策的不断变化也是英语教师专业发展面临挑战的原因之一。政策的变动可能导致英语教学的目标、评估标准等内容发生调整，而教师需要在短时间内适应这些变化，以保证教学质量。

（三）学生需求的多样性

学生对英语教育的需求日益多样化，不仅追求语言技能的提升，还关注实际运用能力、跨文化交际能力、创新思维的培养。因此，英语教师需要不断学习，为学生提供多元化的英语教学内容，在教学中需要采用多元化的英语教学方法，以更全面地满足学生的需求。

（四）教育体系相对滞后

通常来说，教育体系总是滞后于社会和科技的发展。当前，科技发展日新月异，在实际的教学过程中，很多学校及英语教师都未能及时调整英语教学目标和方法。这就导致英语教师在应对新技术、多元文化等方面的挑战时感到力不从心。

（五）教育政策的变动

教育政策的变动也给英语教师的专业发展带来了不稳定因素。他们不得不花费大量时间和精力去适应新的政策要求，而无法专注于教学和研究。这种不稳定的工作环境不仅影响了英语教师的工作积极性，也限制了他们在教学方法和策略上的创新。

（六）专业发展机制薄弱

部分地区缺乏健全的英语教师专业发展机制，英语教师的职业发展路径相对模糊。很多大学缺乏明确的教师培训计划和职业晋升机制，使英语教师在专业发展上面临较大的不确定性。

（七）学科知识更新压力较大

英语作为一门语言学科，其教学与研究受到语言学、文学、文化等多方面的影响。学科知识的不断更新，要求英语教师保持对新知识的敏感度，这给教师带来了更新知识、适应变革的压力。

英语教师专业发展面临的挑战是复杂且多层次的，大学应通过加强师资培训、推动跨文化教育、支持教学方法创新、建立健全的专业发展体系等策略，以及政府引导、企业参与、学术界与实践的对接、学生与家长的参与等社会协同治理方式，帮助英语教师有效应对专业发展方面的挑战，提高大学英语教学的质量和适应性。

第三节　学生英语学习动机多样化

一、学生学习动机概述

学生的学习动机是教育领域中一个至关重要的因素。不同的学生在学习过程中会展现出各种各样的学习动机。深入理解学生学习动机的多样性，对于教师制定有效的教学策略、提高学生学业成就、促进学生全面发展都具有重要的意义。

（一）学生学习动机的理论基础

1. 马斯洛的需求层次理论

马斯洛的需求层次理论将人的需求分为生理需求、安全需求、社交需求、尊重需求和自我实现需求五个层次。该理论认为人们在满足一个层次的需求后，才会转向更高层次的需求。该理论表明学生的学习需求和学习动机是多层次、多样化的。

2. 自我决定理论

自我决定理论认为，个体的动机可以分为外在动机、内在动机和内在化的外在动机三种类型。内在动机是指个体对任务本身的兴趣和满足感，外在动机则包括来自外部的奖励和惩罚。该理论主张，教育者应尽可能激发学生的内在动机，以促使他们更积极主动地参与学习。

3. 成就目标理论

成就目标理论将学生的学业动机分为任务导向型（主导型）和自我导向型（学业型）两种。任务导向型学生更注重学习过程中的努力和发展，而自我导向型学生则更关注表现和相对能力。该理论认为，学生的学习动机受到他们对成功和失败的不同期望的影响。

（二）学生学习动机的多样性表现

1. 成绩导向型学生

成绩导向型学生通常更注重课程成绩和评价结果，他们可能会把学习看作获取好成绩的手段。这类学生可能会更关注教师的评价、同学之间的竞争，对能够提高考试分数的学科更感兴趣。

2. 兴趣驱动型学生

兴趣驱动型学生对学科本身抱有浓厚的兴趣，他们可能更愿意深入学习一个特定的领域，不仅是为了取得好成绩，更是为了满足自己对知识的好奇心和热爱。

3. 实用导向型学生

实用导向型学生更注重学习的实际应用价值。他们可能更关注所学知识如何在实际生活中发挥作用，以及知识是怎样帮助他们解决问题或应对挑战的。这类学生通常更容易接受能够直接转化为实际技能的学科内容。

4. 自主学习型学生

自主学习型学生的独立性强，更愿意掌控自己的学习过程。他们可能更倾向于通过自主阅读、研究项目等方式来获取知识，而不仅仅是在课堂上被动地接受教育。这类学生可能更注重自我发展和成长。

5. 竞争型学生

竞争型学生通常更强调与他人的比较和竞争。他们可能会将学习看作一场竞赛，注重排名和成绩的优越性。这类学生可能更容易受到同学的影响，竞争能够激发他们的学习动机。

二、影响学生英语学习动机的主要因素

学生英语学习动机是教育领域中一个复杂而重要的课题。理解学生英语学习动机的多样性，有助于教师更好地制定教学策略，满足不同学生的学习需求。通过创设多元化的学习环境、制订个性化的学习计划、提供实践机会等策略，可以更有效地引导学生形成积极的学习动机，促进其全面发展。在未来的大学英语教学实践中，教师需要不断深化对学生学习动机多样性的理解，灵活运用各种教育和教学手段，使每个学生都能够找到适合自己的学习动机和路径。

学生的英语学习动机受到诸多因素，包括个体差异、家庭环境、社会文化、评价体系等的影响。

（一）个体差异

每个学生都是独特的个体，他们在性格、兴趣、学科倾向等方面存在差异，这些差异直接影响着他们的英语学习动机。例如，有的学生天生好奇心强，对知识充满探索欲望；有的学生可能更注重实际应用，追求能够解决问题的技能。

（二）家庭环境

家庭环境对学生英语学习动机的形成起到至关重要的作用。一个支持学习的家庭环境可以激发学生对知识的兴趣和渴望；相反，负面的家庭环境可能会抑制学生的学习积极性。家庭对学生的态度、期望，以及提供的支持都会直接影响学生的英语学习动机。

（三）教育制度和学校文化

教育制度和学校文化也是影响学生英语学习动机的重要因素。强调竞争的学校文化可能使学生更注重成绩，而强调合作与创新的学校文化可能更容易激发学生对知识的热爱。此外，教育制度对考试和评价的重视程度等因素也会影响学生的英语学习动机。

（四）社会文化和价值观

学生所处的社会文化环境和价值观都会对他们的英语学习动机产生深远的影响。社会对于英语的重视程度以及对英语技能的不同看法都会影响学生对英语学习的态度。例如，一些社会价值观可能更强调学术成就，而另一些社会价值观可能更注重实践技能。

（五）评价体系

评价体系在大学英语教学中扮演着重要的角色，它直接影响着学生的学习动机、教学质量以及教育体系的健康发展。一个科学、合理的评价体系能够激发学生的学习兴趣，促进其全面发展；反之，则可能导致学生学习动机下降，甚至出现负面影响。

1. 评价体系的概念与作用

（1）评价体系的概念

评价体系是指用于对学生的学业水平、能力发展、综合素质等方面进行评估的一套制度和方法。它旨在通过定量或定性的手段，对学生在学习过程中所取得的成就进行客观、全面的评价，为学校、教育管理者、教师、学生家长及学生本人提供参考。

（2）评价体系的作用

一是提高学习动机。一个良好的评价体系应当能够激发学生的学习兴趣和主动性，使他们对知识的获取和能力的提升保持积极的动力。

二是反馈学业水平。评价体系通过对学生学业水平的评估，为学校和家长提供了了解学生学习状态的重要工具，并且有助于教师制订个性化的教学计划。

三是促进教学质量提升。评价结果也反映了教学的效果，能够帮助教育管理者和教师识别教学中存在的问题，并及时进行调整，提升整体的教学质量。

四是选拔和录取。在教育阶段结束后，评价体系还常常作为选拔和录取的依据，对学生的综合素质进行全面评估。

2. 科学的评价体系对学生英语学习动机的积极影响

科学合理的评价体系能够激发学生的学习兴趣、促进其全面发展，对学生的英语学习动机具有积极的影响。

（1）激发学习兴趣

一个科学、灵活的评价体系能够为学生提供多元化的学习机会，使学生在自己感兴趣的领域得到更多的展示机会和认可。通过多元的评价方式，如项目作业、实践表现等，学生有机会在更贴近实际的情境中发挥自己的特长，从而激发学习英语的兴趣。

（2）明确学习目标

科学的评价体系可以帮助学生确立明确的学习目标。透过评价的过程，学生能够清晰了解自己的英语水平，以及英语学习方面的优势和不足，有助于他们制订个性化的学习计划，更加有针对性地努力提升自己的英语水平。

（3）促进自主学习

科学的评价体系强调学生的自主学习和发展，鼓励他们参与课外活动、自主研究等，从而提高学生自主学习的能力。这有助于培养学生独立思考、独立解决问题的能力，激发学生学习英语的内在动机。

（4）培养合作与竞争精神

一些评价方式，如小组项目、团队竞赛等，有助于培养学生的合作和竞争精神。通过与同学协作，学生能够互相学习、相互激发学习动机，共同完成具有挑战性的任务，提高英语交际能力。

（5）反馈及时性与个性化

科学的评价体系注重及时性和个性化的反馈。及时的反馈可以让学生更清晰地了解自己的学业状况，有助于他们及时调整学习策略；个性化的反馈则更能满足不同学生的学习需求，激发他们的学习动机。

3. 传统评价体系对学生英语学习动机的消极影响

考试等传统、单一、标准化的评价体系过度侧重分数，不利于学生的英语学习动机的形成。

（1）导致学习动机下降

传统的评价体系往往过于注重分数，忽视了学生的个体差异和多元化发展需求。这种单一的评价方式无法全面反映学生的综合素质和创造力，容易使学生因过分关注分数而忽视实际的学习过程和成长，导致学习动机逐渐下降。此外，部分学生可能会为了应付考试而过分关注应试技巧而非真正深入理解知识，从而降低英语学习动机和学科兴趣。

（2）忽视对学生综合素质的评价

传统的评价体系过于注重对英语基础知识的考核，而忽视了对学生综合素质的评价。学生在实际生活中需要综合运用各种知识和技能，如英语口语技能、英语听力技能等，如果评价体系过于偏重学科知识而不注重综合素质，可能会导致学生英语综合能力薄弱，无法应对实际交际中的困难，因而对英语缺乏兴趣。

评价体系对学生的英语学习动机的影响是复杂而关键的。通过引入多元化评价方式、注重形成性评价、关注综合素质的培养等策略，可以更好地引导和激发学生的英语学习动机。同时，学校需要加强对英语教师的培训与支持，使其更好地理解并在英语教学中贯彻新的评价理念。只有学校、教育管理者、教师、学生家长及学生本人共同努力，才能建立更有利于学生发展的评价体系，推动大学英语教学改革与创新。

第四节　教学改革中的文化冲突

随着全球化的深入发展，各国之间的文化交流日益频繁。在此背景下，如何保护和传承本土文化，并使之与全球化教育相结合，成为学界关注的热点问题。本节旨在研究大学英语教学改革中本土文化与全球化教育的融合问题，从而为优秀本土文化的传承和大学英语教学创新提供理论支持，进而化解大学英语教学改革中的文化冲突。

一、本土文化与全球化教育

（一）全球化教育的定义及特征

1. 全球化教育的定义

全球化教育是指在全球范围内开展的教育活动，具有开放性、多元性和互动性等特点。

全球化教育旨在培养具备国际竞争力的人才，强调培养学生在跨文化沟通等方面的素养，能够促进各国之间的文化交流与合作。

2. 全球化教育的特点

一是国际化视野。全球化教育强调学生应具备了解和分析全球事务的能力，以及跨文化沟通技能。

二是跨国合作。全球化教育旨在通过学术交流、合作项目等方式，促使不同国家的学校和机构开展合作，实现共赢。

三是多元文化体验。全球化教育注重通过引入多元文化元素，让学生在英语学习中接触不同文化，拓宽视野，体验多元文化。

四是软实力培养。全球化教育注重培养学生的创新能力、领导力等软实力，提高学生的综合素质。

（二）本土文化在全球化教育中的地位

1. 本土文化的价值

本土文化是指某一地区或民族在历史发展过程中形成的，具有独特价值观念、风俗习惯和行为方式的总和，包括语言、习俗、价值观念等。在教育全球化过程中，本土文化具有独特的价值。

本土文化有助于培养学生的身份认同感。通过对本土文化的传承，学生能够建立起对本土文化的认同感，增强自尊心和自信心。

本土文化有助于促进跨文化理解。了解本土文化有助于学生尊重和理解其他文化，使学生形成更加开放、包容的国际视野。

本土文化有助于传承人文精神。本土文化承载着一个国家或地区的人文精神，有助于培养学生的道德情操和社会责任感。

2. 本土文化在全球化教育中的作用

一是促进对本土文化教育的了解和认同。通过将本土文化融入英语教学内容，可以使学生在国际视野中依然保持对本土文化的了解和认同。

二是促进跨文化交流。在全球化教育中，学生有机会与来自不同文化背景的同学互动，通过跨文化交流，促进不同文化之间的对话和理解。

三是促进本土文化元素融入国际课程。将本土文化元素巧妙地融入大学英语课程，既可以保留优秀本土文化，又能使学生接触到更广泛的知识体系，丰富英语学科的内涵。

（三）本土文化与全球化教育的融合机遇

本土文化与全球化教育的融合机遇主要体现在以下几个方面：

一是文化传承与创新。全球化教育为本土文化的传承提供了更广阔的平台，使得传统文化能够被更多人了解和接受。同时，全球化教育也为本土文化的创新提供了机会，通过借鉴外来文化，本土文化可以获得新的发展动力。

二是教育资源共享。全球化教育使世界各地的教育资源得以共享，包括课程、教材、教学方法等。这为本土文化的发展提供了丰富的素材和参考，有助于提高本土文化教育的质量和水平。

三是跨文化交流与理解。全球化教育鼓励跨文化交流和理解，有助于消除文化隔阂和误解。通过了解其他国家的文化，人们可以更好地认识本土文化的特点和价值，增强文化自信心。

四是人才培养与输出。全球化教育致力于培养具有国际视野和跨文化交流能力的人才，这些人才可以将本土文化带出国门，推动本土文化的国际传播。同时，全球化教育也为本国经济的发展带来更多机会和资源。

五是教育合作与共建。全球化教育促进了各国之间的教育合作与共建，共同推动教育事业的发展。这种合作不仅可以提高本土文化教育的质量，还可以加强与其他国家的联系，为未来的合作打下坚实的基础。

二、大学英语教学内容的文化敏感性

文化敏感性是指了解母文化和异文化的区别以及这些文化特点对自己和他人言行举止的影响，包括认可文化差异是客观的，无法凭个人喜好来拒绝或消除；欣赏这种差异，从被动接受或带着不良情绪看待这种差异，转化为带着主动和积极的态度来看待这种差异。利用文化差异，让差异成为解决问题的源泉或资源。本部分所说的大学英语教学内容的文化敏感性是指在教育环境中对多元文化背景的理解和尊重，以及在教学设计和实施中考虑学生文化差异的能力。文化敏感性要求教师意识到学生来自不同的文化背景，在此基础上对教学内容进行调整，以满足学生的学习需求和提高教学效果。

（一）保持文化敏感性的重要性

一是提高学生的参与度。考虑学生的文化背景，有助于教师了解学生的文化敏感性，并以此为依据激发学生对英语的学习兴趣，提高学生学习英语的积极性和主动性。

二是增强学习效果。保持文化敏感性有助于教师调整教学内容，使其更符合学生的认知习惯和理解方式，提高英语学习的效果和深度。

三是塑造包容的教育环境。通过对多元文化的尊重和理解，教师可以创造一个具有包容性的英语教学环境，使学生感到被接纳和被尊重。

四是减少文化差异带来的阻碍。保持文化敏感性有助于教师在英语教学过程中减少由于文化差异而产生的沟通和理解障碍，促进师生之间的有效沟通。

（二）文化差异引发的教学难题

大学英语跨文化教学中面临的挑战主要源于文化差异所带来的教学困境。一方面，教师可能难以完全理解学生在不同文化背景下的学习方式和需求；另一方面，学生可能会在教学过程中遇到文化不适应的情况，导致出现学习动力下降、沟通困难等问题。

正确认识大学英语教学内容的文化敏感性在跨文化教学中起着至关重要的作用。通过尊重学生的文化背景、理解学生的学习方式、进行适应性教学设计等策略，教师可以创造更具包容性和有效性的教育环境，更好地面对跨文化教学中的各种挑战，促使跨文化教学更好地适应多元文化的现实，进而提高英语教学效果。

第五节 应对大学英语教学改革中问题的策略

一、变革教育机制

（一）引入灵活的管理机制

为有效应对大学英语教学改革中出现的问题，教育部门应引入更加灵活的管理机制。例如，鼓励学校进行自主管理，强调学校的办学自主权，允许学校因地制宜、因时制宜地调整英语教学计划和管理模式。

（二）优化教育政策制定机制

为有效应对大学英语教学改革中出现的问题，教育部门应优化教育政策的制定机制，加强对相关政策法规的制定和修订过程的科学研究和调查，解决政策法规滞后的问题。教育部门应建立更加灵活、快速的政策反馈机制，以更好地适应社会的发展和大学英语教学需求。

（三）加强对新型教育形式的监管

加强对新型教育形式合规性和质量的监管可以有效应对大学英语教学改革中出现的问题。教育部门可以建立专门的监管机构，制定相关政策和法规，推动在线教育、远程教育等新型教育形式的规范和优质发展。

（四）完善教育质量评估指标体系

教育部门要全面审视和优化评估指标，解决教育质量评估指标体系存在的问题。评估体系应更全面地考查学生的知识水平、实践能力、创新能力等内容。同时，建议引入多元化的评估方式，包括学科考试、项目评估、综合测评等。

（五）促进教育参与者之间的合作与沟通

为了更好地推动大学英语教学改革，需要建立更加开放的教育机制。各层次的教育管理者、教师、学生、家长等教育参与者应加强沟通与合作，达成共识，共同推动大学英语教学改革。

二、突破传统教学观念的束缚

（一）推动教育理念的变革

为解决传统思维观念对大学英语教学改革工作的制约，相关部门需要积极推动教育理念的变革。教育部门、学校和教师应加强对创新教育理念的研究和宣传，提倡注重学生全面素质培养、注重实践和创新能力培养的教育观念。

（二）培养学生的实践能力

学校和教师要改变传统的忽视实践应用的观念，强调理论与实践相结合，注重对学生英语实践能力的培养。学校可以通过开设实践课程、组织实践活动、鼓励学生参与实践项目等方式，让学生在实践中更好地运用所学知识。

（三）引入现代教学技术

学校和教师要借助现代教学技术，打破传统教学观念的束缚，提升教学效果。通过引入互联网、智能化设备、在线教育平台等技术手段，可以实现教学资源的全球共享，为学生提供更为丰富多样的英语学习体验，促进大学英语教学的改革创新。

（四）倡导学科融合和跨学科教学

当前，学科融合已成为大学英语教学改革的一个重要方向，教师可以引入跨学科的教学方法，打破学科界限。例如，教师可以通过设计项目化学习任务、进行课程交叉设置等方式，让学生在解决实际问题的过程中运用多学科知识，培养其综合思维和解决问题的能力。

（五）增强学生的参与度与主动性

在传统的教学观念中，学生通常是被动接受知识的一方，没有做到将理论知识教学与实践能力培养相结合，而当今社会对学生解决实际问题能力的要求越来越高。引导学生主动参与教学活动，有助于提高其解决实际问题的能力。为了增强学生的参与度与主动性，教师可以采用互动式教学、小组合作学习、问题解决式教学等方法开展英语教学工作，让学生更多地参与到教学过程中，培养学生的自主学习能力和解决问题的能力。

（六）建设开放式的教育体系

传统的教学观念通常以封闭的形式存在，为了打破这种封闭性，需要建设开放式的教育体系。对此，学校可以与社会资源开展深度合作，引入社会实践、企业实训等教育资源，使学生更好地运用所学知识，更好地融入社会。

三、促进英语教育资源均衡分配

（一）制定明确的资源分配政策

政府应根据各地区的经济状况、学校层次等因素，进一步制定差异化的教育资源分配政策，使每个学校都能够获得足够的教育资源。在资源分配过程中，有关部门要注重公平、公正，避免教育资源过度集中。

（二）完善人才引进机制

对于英语教育资源薄弱的地区，教育部门应完善人才引进机制，加大对师资队伍的培训力度，提高教师的专业水平。通过提高教师待遇、优化培训机制、设立专项奖励等方式，吸引更多高水平的英语教育专业人才，确保该地区的学校有足够的英语教学师资力量。

（三）推动现代化教育技术应用，建立教育资源共享平台

教育部门要加强现代化教育技术在英语教学中的应用，通过建立教育资源共享平台，促进各地区优质英语教育资源共享。通过引入互联网、在线学习平台等，将高质量的英语教育资源传递到各个地区。有条件的学校可以引入先进的教育技术设备，为学生提供丰富的在线英语学习资源，促使学生享受优质的教育资源。教育部门也可以通过已经设立的国家级或地区级的教育资源库，将高质量的英语教材、课程、教学方法等进行整合与共享，使各地的学校能够更容易地获取优质的英语教育资源。

（四）加大对经济欠发达地区的资助

针对经济欠发达地区教育资源不足的问题，政府应该加大对其的资助力度，通过设立专项基金、提供奖学金、兴建现代化教育设施等方式，弥补这些地区在英语教育资源方面的不足，确保每个学生都有足够的学习资源。这样的资助措施不仅可以改善学校的硬件条件，还可以提升教育质量和师资水平，从而促进英语教育资源的均衡分配。

（五）加强社会参与与监督

鼓励社会组织、企业和公民积极参与、监督英语教育资源的均衡分配。社会力量的参与可以为学校争取更多的资源支持，促使大学英语教学改革更加全面、深入。同时，有关部门应建立有效的监督机制，对资源分配情况进行定期审查和评估，确保改革措施的有效实施。

四、促进教师综合发展

（一）促进教师的专业化发展

1. 加强教师培训

为了提高英语教师的教学水平和适应新技术的能力，学校应加强教师培训，包括提供针对新技术应用的培训课程，帮助教师熟悉虚拟教室、在线教学平台等工具的使用方法。培训还应关注教学方法的创新和多样化，以帮助英语教师适应不同学生的英语学习需求。

由于英语教师不仅需要掌握本学科知识，还需要了解文学、文化、社会科学等多学科知识，因此，学校应增设跨学科培训项目，帮助英语教师更全面地理解相关学科领域的知识，提高他们在英语教学中的综合素质。

为了提高英语教师在多元文化环境中的教学能力，学校应提供跨文化教育培训，帮助教师更好地理解和尊重学生的文化背景，设计能够促进跨文化交流的教学活动，拓宽学生的国际视野。

2. 支持教学方法的创新

学校应鼓励英语教师尝试新的教学方法，如项目学习、合作学习、探究式学习等，并提供相关的培训和资源支持，帮助教师更好地创新教学方法，使大学英语课堂更富有活力和互动性。

3. 建立健全的专业发展体系

为了提高英语教师专业发展的层次，学校应建立健全的英语教师专业发展体系，具体措施包括设立明确的培训计划、提供学术研究支持、鼓励国际交流与合作等。学校和教育部门应加强合作，为英语教师提供更多的优质资源，支持英语教师的专业发展。

4. 保持教育政策的稳定性

教育政策的稳定性对于教师的专业发展至关重要。政府和有关部门应确保教育政策的连贯性和稳定性，避免政策出台不及时或不稳定给教师发展带来的混乱和不确定性。在政策的制定过程中，应更多地考虑教育实践需求，以及教师的反馈意见和建议。

5. 鼓励教育研究和实践创新

学校应鼓励英语教师开展教育研究和实践创新，为英语教师提供更多展示自己和分享教学经验的平台。学校应成立科研室，支持英语教师参与科研项目，同时鼓励英语教师将创新的教学方法分享给同事，形成共同学习的氛围。

6. 提供更多的支持和资源

学校和相关教育部门应提供更多的支持和资源，包括先进的教学设备、优质的教材资源、定期组织专业培训等，帮助英语教师更好地应对挑战，提升英语教学的质量和效果。除此之外，政府在英语教育领域的引导和支持对教师的专业发展来说也很重要。政府及有关部门应通过制定相关政策、提供专项经费、指导学校制订培训计划等方式，为英语教师的专业发展创造良好的条件和环境。在此基础上，还要加强校企合作。企业可以提供更多的实践机会、开设相关培训课程、提供专业指导等，能够帮助英语教师更好地了解职业领域的发展趋势，满足教师的职业发展需求。

7. 加强学术界与实践界的对接

学校和教育部门应加强学术界与实践界的对接，促进相关研究成果的转化。学术界可以开展实证研究，为大学英语实践教学提供理论支持，同时大学英语教学实践中的经验也能够为学术研究提供有益的启示。

（二）促进教师跨文化知识的更新与发展

1. 培养跨学科视野

英语教师需要培养自己的跨学科视野，了解其他学科的基本概念、重要理论和发展趋势。这有助于英语教师组织更丰富的教学活动，使教师创设的语言学习情境更贴近英语的实际应用场景，提高学生的学习兴趣。例如，通过将英语与科学、数学等学科相结合，设计跨学科项目，培养学生分析问题、解决问题的能力，使他们在完成跨学科项目的过程中更好地运用英语。

学校和教育部门还可以组织专业培训和研讨会，引导英语教师了解其他学科的最新研究成果、教学方法和教材。这有助于开阔教师的跨学科视野，促使他们在实际教学中更好地整合跨学科知识。

2. 提升数字化技能

数字化技术在教育领域的应用已十分普遍，涉及图像处理、视频制作、在线协作等方面，因此英语教师需要具备一定的数字化知识和技能，能够灵活运用多数字化技术进行教学，为实现更具创意和趣味性的英语教学提供支持。

3. 参与国际交流与合作

学校应鼓励英语教师参与国际交流与合作项目。国际交流与合作可以带来不同文化和学科的碰撞，促使英语教师更深刻地理解其他学科的教育理念和实践经验，提高他们的跨学科整合能力和跨文化交流水平。

4. 建立跨学科评估体系

学校应建立跨学科评估体系，从教学效果、学生综合素质等方面全面评价英语教师的跨学科教学水平。这样可以激发教师更新跨学科知识的热情，促使他们在实际教学中更好地融合多学科元素。

五、满足学生的多样化学习需求

（一）创设多元化的学习环境

为了满足不同学生的学习需求，英语教师应努力创设多元化的学习环境，包括引入多样化的教学方法、设计丰富多彩的教学活动等，这样可以提高不同学生对英语学科的学习兴趣和动机。

（二）引导学生制订明确的学习目标

教师可以引导学生制订明确的英语学习目标，使学生在学习中能够有明确的方向和动机。这些目标可以是短期的，如完成一项任务；也可以是长期的，如进行一次职业规划。学习目标的设定有助于激发学生的学习动机。

（三）引导学生制订个性化的学习计划

教师应根据学生的个体差异和学习风格，指导学生制订个性化的学习计划。计划中可能包括不同难度的任务、个性化的评价方式、更符合学生兴趣的学习内容等。个性化的学习计划有助于激发学生的学习兴趣和动机。

（四）提供实践机会

教师应为学生提供实践机会，让他们能够将学到的知识应用于实际生活中。实践性的学习活动更容易激发学生的兴趣和动机，同时也有助于学生将理论知识转化为实际技能。

（五）建立支持系统

建立学校、家庭和社会等多层面的支持系统，关注学生的学习动机。在教学过程中，学校、教师应与学生家长密切合作，及时向家长反馈学生的在校情况，并鼓励其为学生的英语学习提供家庭层面的支持。除此之外，学校和教师还要加强校内心理辅导等，为学生提供全方位的支持。

（六）培养学生的学习兴趣

教师要通过生动有趣的教学方式，激发学生的学习兴趣。教师可以通过在课堂上引入案例、故事等方式，使学习内容更具吸引力，从而提高学生的学习动机。

（七）鼓励自主学习和自我评价

教师要鼓励学生在学习中保持自主性，让他们有更多的决策权，提高他们的自我管理能力。此外，学校和教师可以帮助学生建立自我评价机制，让他们更好地了解自己的学习状态，从而及时调整学习策略。

（八）培养团队合作精神

教师可以通过团队合作的方式，培养学生的协作精神。学生在团队合作中可以相互激励、互相学习，从而更容易形成积极的学习动机。

六、构建促进学生发展的评价体系

能够促进学生发展的英语评价体系应具有以下特点：一是包含多元化的评价方式，二是关注学生综合素质的培养，三是有助于缓解学生的考试压力，四是能够促进学生进行自我评价与自我管理。

（一）多元化的评价方式

多元化的评价方式是促进学生发展的基础，这意味着评价不应仅限于书面考试，还应包括口头表达、实践操作、小组合作等多种形式。这样，学生可以在不同场景下展示自己的能力，教师可以更全面地了解学生的学业水平和发展情况。多元化的评价方式有助于更好地反映学生的多方面能力和潜力。

（二）关注学生综合素质的培养

促进学生发展的英语评价体系更关注学生综合素质的培养，如创新能力、团队协作能力、沟通能力等的培养。学校可以通过项目制学习、社会实践、实习等方式来考核学生的学习情况，使学生在学习过程中获得全面发展。

（三）有助于缓解考试压力

过多的考试会导致学生焦虑，影响其正常发挥。因此，学校要改变传统的评价体系，构建新型评价体系，促进学生全面发展。新评价体系可以通过适当降低考试频率、改变考试形式、强调综合能力考查等方式来缓解学生的考试压力，从而使学生更多地关注知识的深度与广度，而非仅仅为了应付考试而学习。

（四）促进学生进行自我评价与自我管理

学校要通过构建新型英语评价体系，来培养学生自主学习的动机，鼓励他们进行自我评价和自我管理。学生在自我评价过程中，要学会审视自己的优点和不足，明确自己的学习目标和发展方向。在英语教学过程中，教师可以通过让学生参与制订学习计划、学习目标，反思学习过程等方式，激发学生的学习动机和责任感。同时，教师应注意引导学生养成良好学习习惯，提高学生的时间管理能力和情绪管理能力，使其在学习过程中保持积极的心态。

七、避免教学中的文化冲突

（一）尊重学生的文化背景

教师应该尊重学生的文化背景，包括尊重学生的语言习惯、价值观等，因为文化背景对于语言学习有着深远的影响。不同的文化背景会形成不同的语言习惯、交流方式及价值观，这些都是语言学习中不可忽视的因素。教师需要努力创造一个包容、平等的学习环境。在这样的环境中，学生可以自由地表达自己的观点和感受，不用担心被误解或歧视。这样的环境也有助于培养学生的跨文化交流能力，使他们能够更好地理解和接纳不同的文化。

（二）了解学生的学习方式

学习方式是指学生在进行学习活动时所表现出的具有偏好性的行为方式与行为特征。不同文化背景的学生可能有不同的英语学习方式。教师需要了解学生的学习方式，根据学生的学习方式调整教学策略，选择最适合学生的教学方法。这有助于教师更好地满足学生的学习需求，提高学生的学习效果。

（三）注意教学材料中的文化偏见

在选择和使用教学材料时，教师应该注意其中可能存在的文化偏见，避免使用存在文化偏见的案例进行教学，确保教材适合不同文化背景的学生。

（四）加强沟通与互动

师生之间要加强沟通与互动，教师要为学生提供文化交流与合作的机会，鼓励学生分享他们的经验和观点。教师可以通过设计讨论课、小组项目等形式，促进师生之间的文化交流。同时，要建立相应的反馈机制，鼓励学生积极反馈。教师可以通过问卷调查、小组讨论等方式了解学生对英语教学内容的感受，并以此为依据及时对教学内容进行调整和优化。

（五）多元文化培训

学校应为英语教师提供多元文化培训，提高其文化敏感性。培训内容可以包括跨文化沟通技巧、文化差异的认知、解决跨文化冲突的方法等。

第五章　大学英语教学改革的成效评估

第一节　大学英语教学改革成效评估体系的建立与调整

一、设计全面的教学改革成效评估体系

（一）教学改革成效评估的重要性

1. 教学改革成效评估有助于检验教学改革的实际效果

通过对教学改革过程中的教学方法、教学资源、教学内容等方面进行评价，可以了解教学改革的实际效果，从而为进一步推进教学改革提供有力的依据。

2. 教学改革成效评估有助于推动教学改革的持续发展

通过对教学改革过程和效果进行评估，能够及时发现教学改革中存在的问题，从而有针对性地调整教学改革的方向和策略，不断完善和改进教学改革的方法和手段，推动教学改革的持续发展。

3. 教学改革成效评估有助于提高教学质量和培养创新型人才

通过对教学改革成效的评估，我们可以了解教学改革对教学质量和人才培养的影响，从而进一步优化教育资源配置，提高教学质量和培养创新型人才。

（二）设计全面的教学改革成效评估体系的原则

一是多元性原则。评估体系应该覆盖多个方面，包括知识水平、能力培养、学科素养、创新思维等，以全面了解教学改革的成效。

二是可操作性原则。评估体系中的各项指标需要具有可操作性，并能够被量化。也就是说，在实际操作中，我们能够获取所需的数据和信息，并且评估过程不会给教师和学生带来负担。

三是关联性原则。评估体系中的各项指标应该相互关联，形成一个有机整体，使教学改革成效评估的结果更加系统和准确。

四是适应性原则。评估体系需要适应不同专业、年级英语教学的特点，以保证评估的公正性和科学性。

（三）全面的教学改革成效评估体系的内容

1. 学生方面

（1）学生知识水平

基础知识：评估学生是否掌握相关基础知识。

应用能力：评估学生将所学知识应用于解决实际问题的能力。

创新思维：评估学生创新性思考问题、解决问题的思维方式。

（2）学生学科素养

学科核心能力：评估学生在英语学科领域的核心能力。

跨学科整合能力：评估学生将不同学科知识进行整合的能力。

（3）学生综合素质

思维能力：评估学生的逻辑思维、批判性思维等能力。

沟通能力：评估学生运用英语进行表达和沟通的能力。

团队协作：评估学生在团队中的合作能力。

2. 教师方面

从教师方面来说，教学改革成效评估主要包括对教学方法和策略的评估、对课堂管理和学习氛围的评估等。例如，评估教师的课程设计是否符合英语学科的特点和学生的需求；评估教师在课堂上能否与学生进行有效的互动；评估教师能否营造良好的学习氛围，提高学生的参与度；评估教师对课堂时间的安排和利用是否合理。

（四）实施全面的教学改革成效评估的步骤

1. 确定评估内容

根据英语学科特点和学生年级特点,确定需要评估的具体内容和目标。

2. 设计评估指标

结合英语学科知识点、学科素养、综合素质等方面，设计相应的评估指标。

3. 选择评估工具

根据评估内容和指标，选择合适的评估工具。

4. 明确评估方式

根据评估内容、指标和工具等，确定评估的方式，如问卷调查、访谈、观察、测试等。

5. 制定评估标准

制定明确的评估标准，可以使评估结果更为客观，以便更准确地反映教学改革的成效。

6. 实施教学改革评估

在实际的英语教学中，按照设计好的评估内容、指标和方式等实施教学改革评估，确保评估结果的公正性、客观性和及时性。

7. 收集评估数据

收集各种评估工具产生的数据，包括问卷调查结果、访谈记录、观察报告、考试成绩、课堂表现等，以备后续分析和总结时使用。

8. 分析评估结果

对收集到的评估数据进行综合分析，查找其中的规律和问题，为后续的改进工作提供依据。

9. 反馈与改进

将评估结果及时反馈给教师，并提供具体的改进建议。同时，学校应该根据评估结果从教学计划、教材选择等方面对英语教学工作进行调整和改进。

10. 定期检查和修订评估体系

建立定期检查和修订评估体系的机制，检查和修订评估指标，确保评估体系的适应性和科学性。

二、教学改革成效评估体系的动态调整与改进

教学改革成效评估体系是一种反映教学改革实施后教学质量和学生学习效果的关键工具。然而，教育环境和需求不断变化，因此评估体系也需要保持动态调整和不断改进，以适应新的教育理念和社会发展需求。

（一）教学改革成效评估体系动态调整与改进的必要性

一是适应教育环境的变化。社会、科技和经济等的快速发展使教育环境发生了巨大变化，因此学校应对其教学改革成效评估体系进行及时调整，以适应这些变化。

二是适应新的教育理念。社会各界对教育理念的理解不断深入，因此教学改革评估体系需要与之相适应，反映更先进的教育理念。

三是适应信息技术的发展。信息技术在教育中的广泛应用对大学英语教学改革评估方式提出了新的要求，学校需要整合先进的信息技术手段，以更好地评估英语教学改革的效果。

（二）教学改革成效评估体系动态调整与改进的策略

1. 定期评估和反馈

定期对现有教学改革成效评估体系进行全面评估，了解其在实际实施中的作用，收集师生的反馈信息，及时发现其中的问题和不足，为教学改革成效评估体系的调整与改进提供参考。

2. 追踪教育发展趋势

关注教育领域的最新研究成果、政策和发展趋势，及时调整教学改

成效评估体系，使其与时俱进。

3. 广泛征集意见

向学生、教师、家长、专家等征集意见，形成集体共识，确保教学改革成效评估体系的公正性和全面性。

4. 利用先进技术

引入、整合先进的评估技术和工具，如数据分析、人工智能等，提高教学改革成效评估体系的科学性和客观性。

5. 灵活运用多种评估方式

结合英语学科的特点和评估目标，采用不同的评估方式，如问卷调查、观察、测试等，提高教学改革成效评估的全面性。

（三）教学改革成效评估体系动态调整与改进的具体步骤

1. 组建改进工作组

组建专门的改进工作组，工作组成员包括学校领导、教师代表、学生代表、评估专家等，形成合力，共同推动教学改革成效评估体系的调整与改进。

2. 收集数据

收集与当前教学改革成效评估体系相关的数据，包括问卷调查结果、观察记录、测试成绩等，作为调整与改进教学改革成效评估体系的依据。

3. 分析问题

对收集到的数据进行深入分析，找出当前教学改革成效评估体系存在的问题。

4. 制订目标

根据当前教学改革成效评估体系存在的问题，制订具体的调整与改进目标。

5. 制定方案

制定详细的调整与改进方案，包括修改评估指标、调整评估权重、引入新的评估手段等。

6. 试行和调整方案

在一定范围内试行调整与改进方案，并根据试行效果及时做出调整，不断完善方案。

7. 培训和宣传

针对调整与改进后的教学改革成效评估体系，进行相关的培训和宣传工作，确保教师、学生和家长能够理解和接受新的评估体系。

8. 持续监测和反馈

对调整与改进后的教学改革成效评估体系进行持续监测，收集相关反馈信息，并以此为依据及时调整和优化新的评估体系，形成一个良性循环。

（四）教学改革成效评估体系动态调整与改进面临的挑战与应对策略

1. 教学改革成效评估体系动态调整与改进面临的挑战

一是部分教师对教学改革成效评估体系的动态调整与改进持有抵触情绪，不愿接受改变。

二是学校在调整与改进教学改革成效评估体系时，可能会受到资源的限制。

三是在利用技术手段进行教学改革成效评估时，需要关注数据安全和个人隐私问题。

2. 应对策略

学校可以采取以下策略来应对教学改革成效评估体系动态调整与改进面临的挑战：通过教育培训、理论解释等方式获得教师的理解和认同；充分利用已有资源，积极争取更多支持，不断寻找创新方式来克服资源限制问题；建立完善的数据安全保障措施，并加强隐私保护。

第二节 大学英语教学改革成效评估的方法与工具

大学英语教学改革旨在提高英语教学质量，培养学生的英语应用能力和跨文化交际能力。然而，改革是否达到预期效果，需要进行科学、客观的评估。本节将探讨大学英语教学改革成效评估的方法与工具。

一、评估方法

（一）定性评估

1. 定性评估的特点

一是侧重质性描述。定性评估侧重对现象、行为、观念进行深入的质性描述，强调对背后的意义和理解的挖掘。

二是具有主观性。定性评估通常涉及研究者的主观看法和解释，更注重对参与者的观点、态度、感受的理解。

三是具有开放性。定性评估提供更灵活的研究框架，使研究者能够更自由地探索研究对象的多样性和复杂性。

2. 定性评估的应用场景

定性评估常用于深入理解复杂现象，探索社会现象的本质，以及对于人的思想、信仰、文化等的深层次了解。在教育领域，当涉及新的课程设计、教学方法、教育政策等时，定性评估有助于收集参与者的意见和感受，以提供改进建议。

3.定性评估的优势

第一，定性评估能够深入挖掘背后的意义和原因，提供更为细致的描述。

第二，在进行定性评估时，研究者可以根据需要调整研究方向，更具灵活性。

第三，在对未知领域的研究中，定性评估可以帮助研究者建立初步的认识和了解。

4.定性评估的劣势

一是定性评估带有一定的主观性，容易受到研究者主观看法的影响，可能会导致研究结论的局限性。

二是结果难以量化。定性评估的结果难以用数字来量化，不便于进行统计分析和横向比较。

三是耗时费力。数据收集和分析的过程相对烦琐，需要花费更多的时间和精力。

（二）定量评估

1.定量评估的特点

一是侧重量化数据。定量评估侧重对量化数据的收集，通过统计分析获得结论，强调客观、可重复的数据的重要性。

二是结果的客观性较高。定量评估以测量和记录为主，减少了研究者主观因素的影响，提高了研究结果的客观性。

三是便于横向比较。定量评估便于进行横向比较和统计分析，能够为制定政策、方案提供量化支持。

2. 定量评估的应用场景

定量评估的应用场景广泛而多样，几乎涵盖了所有需要数据支持和科学决策的领域。在商业领域，定量评估被广泛应用于市场研究、财务分析、产品优化等方面。在医学领域，定量评估被广泛应用于疾病诊断、治疗效果评估等方面。医生可以通过收集和分析患者的生理数据，评估疾病的严重程度和发展趋势，为患者制定个性化的治疗方案。在教育领域，定量评估常用于评估教学效果、学生成绩、学科水平等，提供可量化的数据支持。在制定教育政策、改进课程设置等方面，定量评估有助于提供客观的决策依据。除此之外，定量评估在公共管理、环境科学、社会科学等领域也发挥着重要作用。

3. 定量评估的优势

第一，定量评估通过量化数据，减少了主观因素的干扰，提高了研究结论的客观性和可靠性。

第二，定量评估便于进行统计分析，能够提供更具说服力的结论。

第三，定量评估便于进行不同群体、不同时期的横向比较，得出更具普适性的结论。

4. 定量评估的劣势

一是缺乏深度。定量评估难以提供对于现象背后原因的深入理解，较难回答"为什么"的问题。

二是定量评估的结果往往受到数据质量的影响。如果数据存在偏差、错误或者不完整，那么评估结果的可信度就会受到质疑。

三是忽略个体差异。定量分析难以捕捉到个体在学习过程中的个性化差异。

（三）评估方法的选择策略

1. 明确评估目标

在选择评估方法之前，需要明确评估的具体目标。如果目标是深入理解学生的思想、态度，或者探究新教学方法的效果，定性评估可能更为合适；如果目标是测量学生学业水平、比较不同教学策略的效果，定量评估可能更适用。

2. 明确研究问题的性质

明确研究问题的性质对选择评估方法也十分重要。如果研究问题是可以被量化的，例如学生成绩、知识水平等，定量评估更为合适；对于较为主观、复杂的研究问题，定性评估可能更具优势。

3. 考虑评估的可行性

在选择评估方法时，评估的可行性也需要被考虑进来。定量评估通常需要更多的资源、时间和技术支持；而定性评估可能相对灵活，更容易在资源有限的情况下进行。

4. 考虑数据收集和分析的难易程度

在选择评估方法时，要考虑数据收集和分析的难易程度。定量评估对技术水平的要求通常较高，需要进行数据收集和分析，而定性评估相对简单。

5. 综合运用两种评估方法

在一些研究中，定性评估和定量评估可以结合使用。这样可以更全面地理解研究问题，通过定性数据深度挖掘问题的本质，通过定量数据提供广泛的统计支持。

由此可知，在选择评估方法时，要综合考虑评估目标、所研究问题的性质、评估的可行性、数据收集和分析的难易程度等，在单独采用定性评估或定量评估无法达到相应的评估目的时，可以将两种评估方法结合起来，以获得更为全面、准确的评估效果。

二、评估工具

（一）问卷调查

问卷调查在大学英语教学改革成效评估中发挥着重要作用。问卷调查可以为学校和教师提供客观、准确的信息，为大学英语教学改革的持续深入提供有力支持。

1. 问卷调查的概念

问卷调查是指通过设计详细周密的问卷，要求被调查者回答问卷上的问题，以收集资料的方法。问卷调查是一种常用的数据收集工具，在社会科学研究、市场研究、教育评估等领域有着广泛的应用。

2. 问卷调查的作用

首先，问卷调查能够帮助我们获取大量数据。与传统的观察法和实验法相比，问卷调查能够在更广泛的范围内收集信息，覆盖面更广。通过问卷调查，我们可以了解受访者的观点、态度、行为等信息，进而分析出问题的本质和规律。同时，问卷调查还可以通过标准化的问卷设计和数据处理，减少误差，提高数据的准确性和可靠性。

其次，问卷调查能够帮助我们了解受访者的需求和偏好。在商业领域中，问卷调查经常被用来了解消费者的需求和偏好，以便企业更好地满足市场需求。通过问卷调查，企业可以了解消费者对产品的评价、对服务的期望，以及对品牌的认知等信息，从而制定更加精准的市场策略和产品策略。同时，政府也可以通过问卷调查了解公众对政策的看法和建议，为政策制定提供更加科学的依据。在教育领域中，调查问卷可以覆盖多个方面，如教学内容、教学方法、教学资源、教学评价等。通过设计针对学生和教师的调查问卷，可以了解他们对教学改革的满意度、看法和建议。

最后，问卷调查还能够帮助我们进行趋势分析和预测。通过长期的问卷调查和数据分析，我们可以了解社会的变化和趋势，从而预测社会的发展趋势和市场需求。这对企业、政府和学校来说都非常重要，可以帮助其提前做好准备和规划，把握机遇和挑战。

3. 问卷调查的分类

从问卷的应用层面来看，问卷调查可以分为学术性问卷调查或应用性问卷调查。前者多为学校或研究机构的研究人员所采用；后者则多为市场调研人员或其他机构的人员所采用，来解决实际中的问题。

4. 在大学英语教学改革成效评估中进行问卷调查的注意事项

首先，问卷设计要科学合理。设计问卷时要确保问题的明确性和准确性，避免引起受访者的误解或困惑。同时，问卷中的问题应具有针对性和实用性，能够真正反映教师和学生对大学英语教学改革成效的意见和建议，从而得出有效的评估结果。

其次，问卷调查的样本要具有代表性和广泛性。样本的选择应遵循随机原则，以保证调查结果的普遍性和可信度。同时，样本的覆盖范围应尽可能广泛，包括不同年级、不同专业、不同英语水平的学生，以便更全面地了解大学英语教学改革的效果。

再次，调查者要与受访者建立良好的互动关系。在问卷调查过程中，调查者要注意与受访者的沟通和交流，与他们建立良好的互动关系，以提高问卷的填写质量和数据的可靠性。

最后，在收集到问卷数据后，调查者还需要运用统计学的方法对数据进行分析和处理。通过描述性统计、因子分析、回归分析等手段，调查者可以深入了解学生对大学英语教学改革的满意度、教学改革对学生学习的影响，以及教学改革中存在的问题等。这些结果可以为大学英语教学的改进提供有力的依据。

（二）访谈

1. 访谈的概念

访谈是一种通过口头交流的方式，收集、了解和分析被访者对于特定主题或问题的看法、经验和意见的研究方法。在社会科学、心理学、市场营销、人力资源管理、教育等领域中，访谈被广泛运用。

2. 访谈的分类

访谈可以根据不同的标准进行分类。按照访谈的形式，访谈可以分为面对面访谈、电话访谈、网络访谈等；按照访谈的目的和内容，访谈可以分为研究性访谈、新闻性访谈、咨询性访谈、社交性访谈等。

3. 访谈的作用

访谈的作用十分广泛。首先，访谈可以帮助研究人员深入了解被访者的内心世界，探究他们的价值观、信仰、态度和行为的成因。其次，访谈可以收集到一些问卷调查等量化研究无法获取的信息，如被访者的情感、体验和故事等。最后，访谈还可以建立访谈者和被访者之间的信任和联系，为后续的研究与合作打下基础。

4. 在大学英语教学改革成效评估中进行访谈的注意事项

在大学英语教学改革成效评估中，访谈作为一种重要的数据收集方法，具有其独特的价值和意义。然而，要想充分发挥访谈的作用，确保评估结果的准确性和有效性，就必须注意以下几个方面：

首先，访谈前的准备工作至关重要。访谈前的准备工作包括明确访谈的目的、设计合理的访谈提纲，以及选择合适的访谈对象。只有明确了访谈的目的，才能确保在访谈过程中不走题，收集到有用的信息。同时，访谈提纲的设计也要合理，既要有足够的灵活性以适应不同的访谈对象，又要确保访谈能够全面覆盖大学英语教学改革成效评估的各个方面。此外，选择具有代表性和广泛性的访谈对象也是非常重要的，这是确保收集到的数据具有普遍性和可信度的条件。

其次，访谈过程中的技巧运用也是不可忽视的。访谈者需要具备良好的沟通技巧和应变能力，能够引导被访者自然、流畅地表达自己的想法和观点。同时，访谈者还需要注意倾听和观察，及时捕捉被访者的语言和非语言信息，以便更全面地了解他们的真实想法和感受。此外，访谈过程中还要保持中立和客观，避免引导或暗示访谈对象做出特定的回答。

最后，访谈后的数据整理和分析也是非常重要的。访谈结束后，访谈者需要及时整理访谈记录，提取关键信息，并对数据进行深入分析。这包括对被访者的观点进行分类和归纳，发现不同观点之间的联系和差异，以及揭示隐藏在数据背后的深层含义。通过深入的数据分析，我们可以更准确地评估大学英语教学改革的成效，为今后的改革提供有益的参考。

（三）学生作品与表现评价

学生作品与表现评价是从学生学习成果方面衡量大学英语教学改革成效的重要手段。

1.学生作品与表现评价的概念

学生作品与表现评价是一种注重学生实际表现和产出成果的评价方式，强调对学生的知识、技能和创造性的综合评估。这种评估方式关注学生的实际表现，不仅能够更全面地了解学生的学习水平，同时也能够激发学生的学习动机和创造力。

2.学生作品与表现评价的优势

（1）具有综合性

学生作品与表现评价强调对学生综合能力的评估，评估内容不仅包括学生的知识水平，还包括学生的实际操作能力、创造性思维、解决实际问题的能力等多个方面。

（2）贴近实际

学生作品与表现评价以学生的实际表现和产出为基础，更贴近实际应用场景，有助于培养学生解决实际问题的能力。

（3）关注创造力

通过对学生的作品与表现进行评价，教师可以鼓励学生展示自己的创造性，激发学生的学习兴趣和创新潜力。

（4）注重实时反馈

由于学生作品与表现评价是以学生实际表现为基础的，因此能够提供更为实时的反馈，有助于学生及时调整学习策略。

（5）强调个性化发展

每个学生都是独特的个体，这种以学生为中心的评价方式有助于学校更好地发现和培养学生的个性和特长，促进学生的个性化发展。

（6）培养创新思维

通过对学生创造性表现的认可和奖励，能够激发学生的创新思维，有利于学校培养创新人才。

3. 学生作品与表现评价的实施方法

（1）布置项目作业

教师可以设计项目作业，要求学生完成实际项目，通过项目的完成情况来评价学生的实际操作能力和创造性思维。

（2）进行展示性评价

教师可以要求学生展示他们的作品或成果，评价其展示内容的质量和深度。例如，让学生自制英语短片，课上展示其点赞、转发量，并对此进行评价。

（3）口头表达与演示

教师可以要求学生通过口头表达或演示的方式展示他们的学习成果，包括对于某一主题的讲解、在特定的情境下进行的英语对话等，评价其在此过程中的口语表达能力和对所学知识的理解程度。

（4）反思性评价

教师要引导学生对自己的作品和表现进行反思，让学生通过自我评价和思考，了解自己的学习过程和成果的可取之处和有待进一步改进的地方。

4. 学生作品与表现评价对大学英语教学改革成效评估的意义

学生作品与表现评价在大学英语教学改革成效评估中具有重要的意义。这一评价方式不仅能够直接反映学生的学习成果和进步，而且能够为教学改革提供宝贵的反馈，有助于评估教学改革的效果，推动教学质量的持续提升。

教学改革的目标是提高教学质量，而教学质量的提升最终体现在学生的学习成果上。学生作品与表现评价能够真实反映学生的语言应用能力。与传统的单一评价方式相比，这种评价方式更注重学生在实际情境中使用语言的表现。学生作品与表现评价还能够激发学生的学习动力。当学生的作品和表现得到认可和肯定时，他们会更加自信地投入英语学习中，形成积极的学习态度。这种正向激励机制有助于营造良好的学习氛围，推动学生共同进步。

通过对学生作品和表现的评估，教师可以清晰地看到学生在学习过程中的实际操作能力。这些作品可能是学生的作业、报告、设计等，它们都能在一定程度上反映出学生理解和掌握知识的程度。如果发现学生的作品有明显的提升，那就说明教学改革在提升学生的实际操作能力方面是有效的。

（四）课堂观察与教学反思

课堂观察与教学反思是教学评价中的两个重要环节，它们相辅相成，共同促进大学英语教学水平的提升。在这两个环节中，课堂观察侧重观察者（通常为学校领导）对教学过程的实时监控，而教学反思强调教师对教学经验的总结与思考。二者结合起来，有利于英语教师发现自身在教学过程中的优点和不足，从而更好地理解和改进自己的教学方式，提高英语教学的有效性，同时，还可以为大学英语教学改革成效评估提供依据。

1. 课堂观察与教学反思的概念

（1）课堂观察的概念

课堂观察是指观察者对教学过程进行有计划、有目的的观察和记录，以获取直观、客观的数据，为后续的教学改进工作奠定基础。

（2）教学反思的概念

教学反思是指教师对自己的教学过程、教学效果进行思考和分析的过程。通过深度思考，教师可以更好地了解自己的教学理念、方法和效果，找到问题所在，并提出相应的解决方案。

2. 课堂观察与教学反思的意义

一是促进教师专业成长。课堂观察和教学反思是教师专业发展的重要途径。通过定期的课堂观察，教师能够及时了解自己的教学实践情况；通过及时的教学反思，教师能够及时发现、分析并解决教学中存在的问题，从而不断提升自身的教学水平。

二是提高教学质量。课堂观察为教师提高教学质量提供了直观的数据支持，教学反思则在此基础上进行。通过这种观察、反思的过程，教师可以更有针对性地优化自己的教学方式，提高学生的学习效果。

三是增进教师与学生之间的情感。通过对学生的观察，教师能够更好地了解学生的学习需求和问题，从而更有针对性地进行教学。

3. 课堂观察与教学反思的实施方法

（1）课堂观察的实施方法

①直接观察法。观察者直接进入教室，观察整个教学过程。这种方法能够提供全面、客观的信息，但可能会影响教学现场的自然状态。

②录像观察法。利用录像设备记录整个教学过程，后期进行观察和分析。这种方法有助于详细分析教学中的每一个环节，但部分学生可能会对

摄像机的存在表现出不适应，从而影响学生的学习表现和学习效果。

③参与观察法。观察者以助教的身份融入教学活动，直接参与其中。这种方法能够使观察者更好地了解学生的真实反应，但可能会在一定程度上影响教学过程。

（2）教学反思的实施方法

①书面反思。教师通过书面形式记录自己的教学思考和反思过程。这种方法能够帮助教师系统地整理思路，形成可追溯的反思记录。

②口头反思。教师在课后通过口头方式表达自己对教学的反思。这种方法有助于教师即时交流和得到同事的建议，但反思效果可能会受到主观因素的影响。

③小组反思。教师组成反思小组，共同进行教学反思。小组成员可以互相分享经验，提出建议，共同成长。

4.课堂观察与教学反思对大学英语教学改革成效评估的意义

课堂观察与教学反思在评估大学英语教学改革成效中扮演着至关重要的角色。它们不仅为教师提供了深入了解自己教学实践的机会，还为教学改革提供了改进方向。

课堂观察允许观察者系统地观察和分析课堂教学活动。通过观察教师的教学方法、课堂上师生的互动、学生的参与度等方面，可以直观地了解教学的实际情况，观察改革措施在实际教学中的应用情况，如新的教学方法是否有效、学生的参与度是否得到提高等。这些信息对于评估教学改革的成效至关重要。

教学反思是教师在教学过程结束后，对自己的教学行为和教学效果进行深入的思考和分析的过程。这包括对自己教学方法的评估、对学生反应的解读，以及对课堂互动效果的反思。通过反思，教师可以发现自己在教学中存在的问题和不足，从而寻找改进的方法，为教学改革的进一步发展提供方向。

第三节　大学英语教学改革成效评估的影响

一、对教育政策制定的影响

（一）确定和调整政策方向

评估结果为政策制定者提供了真实的、客观的数据支持，有助于政策制定者更好地理解教育体系的现状和问题。通过对评估结果的分析，政策制定者可以确定更符合学校实际发展需求和英语教学改革需要的政策方向，调整政策的侧重点，确保政策的科学性和实施效果。

（二）优化资源配置和管理

评估结果反映了教育资源的使用效益和分配情况，可以为政策制定者提供指导，帮助其更科学地配置和管理教育资源。通过合理分析评估数据，政策制定者能够更精准地确定资源的优先分配领域，提高资源利用效率。

（三）确定目标和标准

评估结果为政策制定者确定教育目标和标准提供了依据。通过对评估数据的综合分析，政策制定者可以制定符合学校实际情况和发展需求的教育目标，并设定相应的标准，为整个教育体系的发展提供明确的方向。

（四）监测政策实施效果

政策的实施效果需要不断进行监测和评估。评估结果为政策制定者提供了实时的反馈信息，能够帮助其了解政策实施过程中的问题和不足。基于教学效能评估结果，政策制定者可以及时调整政策措施，确保政策的顺利实施并达到预期效果。

二、对学校管理的影响

（一）制定学校发展规划

学校可以通过定期进行英语教师教学效果评估，从英语教学的整体状况、师资力量、学生发展等各方面了解英语教学改革的成效。基于评估结果，学校可以制定更符合学校英语教学实际情况的发展规划，明确学校英语教学改革的方向和目标，为师生提供更好的发展环境。

（二）优化教育资源配置

评估结果为学校管理者提供了关于英语教育资源使用情况的详细信息。学校可以根据评估结果，优化英语教育资源配置，确保资源更合理地分配到各个学科、年级和项目中，提高教育的质量和效益。

（三）制订师资培训计划

通过对英语教师教学水平进行评估，学校可以了解英语教师的专业发展需求。基于评估结果，学校可以制订具有针对性的师资培训计划，提高英语教师的教学水平和专业素养，进一步提升学校的整体教育质量。

（四）改进学校管理机制

评估结果反映了学校管理机制的优势和不足之处。学校可以根据评估结果，调整管理机制，强化学校内部协同与沟通，提高管理效率，确保学校的正常运行和良好发展，为学校英语教学改革工作的顺利进行提供环境支持。

三、对教学改进的影响

（一）调整教学方法和策略

评估结果是教学改进的重要依据。通过对学生学业成绩、教师教学效果等方面的评估，英语教师可以了解自己在教学中存在的问题和不足。基于评估结果，英语教师可以及时调整教学方法和策略，更好地满足学生的学习需求。

（二）支持个性化教学设计

评估结果为个性化教学提供了数据支持。通过对学生的学科水平、学习风格等个体差异的评估，英语教师可以更有针对性地进行个性化教学设计，满足每个学生的学习需求，提高教学效果。

（三）提供有针对性的反馈

评估结果有助于英语教师详细了解学生的学业情况，可以帮助他们获得更有针对性的反馈信息。通过分析评估结果，英语教师能够更准确地指出学生在英语学习上存在的问题，并为其提供个性化的建议和改进方向。这有助于学生更好地理解自己的学习状态，提高学习效果。

（四）优化教材和课程设计

评估结果为教材和课程设计的优化提供了依据。通过对学生学习成绩和课堂表现等方面的评估，英语教师可以发现教材的不足之处，向教材编写者提出建议，并对课程设计进行调整。这有助于提高英语教材的适应性和英语课程的吸引力，可以更好地满足学生的学习需求。

（五）发展创新教学模式

评估结果有助于英语教师创新教学模式。通过对教学过程和效果的评估，英语教师可以发现传统教学中的瓶颈和局限性，进而尝试引入新的教学方法和技术。这有助于提升英语教学的活力和吸引力，激发学生对英语学科的学习兴趣。

（六）培养学生自主学习能力

评估结果也可以帮助英语教师培养学生的自主学习能力。通过对学生的学业水平和学习态度的评估，英语教师可以找到引导学生的方向。在日常教学中，英语教师可以通过激发学生的学习兴趣、提供多样化的学习资源和指导学习方法等方式，帮助学生养成主动探究、自主学习的习惯。

四、对教学改革的影响

（一）指导教学改革方向

通过对学校、教师和学生的综合评估，决策者可以更准确地了解英语教学改革的优势和存在的问题。这有助于指明大学英语教学改革的方向，确定大学英语教学改革的重点和目标，确保改革工作取得实际效果。

（二）优化教学资源配置

合理配置英语教学资源是大学英语教学改革的重要方面，而评估结果能够为实现英语教学资源的合理配置提供数据支持。通过对学校、教师和学生的评估，决策者可以更清晰地了解英语教学资源的分配情况和利用效果。这有助于确保英语教学资源更加合理、公平地分配到各个层面，促进教育公平。

（三）推动教育技术创新

评估结果有助于推动教育技术的应用和创新。大学英语教学改革要求教师在教学过程中注重培养学生的英语实际应用能力，而非单纯的知识传授。为了提高学生的英语实践能力，教师需要不断创新教学方法，如引入信息技术、开展合作学习、模拟实际场景等。通过评估结果，决策者可以了解教育技术在英语教学中的实际应用情况和效果，以及教师使用教育技术的能力水平，进而对教育技术的创新提出具体建议，推动教育技术的发展。

参考文献

[1] 孙铭阳. 高职英语教学模式改革研究 [M]. 长春：吉林出版集团股份有限公司，2022.

[2] 王落茹. 大学英语混合式教学模式与教育改革研究 [M]. 北京：中国商务出版社，2023.

[3] 王春霞. 英语教学模式改革与创新研究 [M]. 长春：吉林人民出版社，2021.

[4] 夏忠丽. 英语教学模式改革与创新 [M]. 延吉：延边大学出版社，2018.

[5] 赵垒. 大学英语教学模式构建与课程改革研究 [M]. 北京：北京工业大学出版社，2022.

[6] 张金焕. 高校英语教学设计优化与模式改革研究 [M]. 长春：吉林人民出版社，2020.

[7] 宫玉娟. 大学英语教学模式改革创新研究 [M]. 长春：吉林出版集团股份有限公司，2018.

[8] 汤海丽. 高校英语信息化教学改革与微课教学模式探究 [M]. 北京：冶金工业出版社，2018.

[9] 钟丽霞，任泓璇．翻转课堂模式下的大学英语教学改革及创新优化 [M]．长春：吉林大学出版社，2019．

[10] 何树勋．跨文化交际下的大学英语教学改革模式研究 [M]．成都：四川大学出版社，2019．

[11] 郭向宇．教育信息化背景下高校大学英语教学改革模式 [M]．延吉：延边大学出版社，2020．

[12] 高美云，罗春晖．基于职业能力培养视角的高职英语教学模式改革研究 [M]．长春：吉林人民出版社，2018．

[13] 陈玢．英语教学改革教学模式创新与学生能力培养研究 [M]．武汉：武汉大学出版社，2019．

[14] 杨威，闫洪才．大学英语教学模式改革与发展研究 [M]．长春：吉林出版集团股份有限公司，2022．